新时代营销新理念

# 秒赞短文案

## 新媒体文案写作速成

夏晓墨 —— 编著

清华大学出版社
北京

# 内 容 简 介

本书立足于时代发展趋势，介绍了短文案在私域流量赢利过程中发挥的作用。全书共分为趋势篇、基础篇、实战篇、赢利篇4个篇章，囊括了海报文案、小红书文案、朋友圈文案、短视频脚本文案、卖货直播脚本文案、问答文案、SEO软文七种常见新媒体短文案的写作方法，内容涉及美妆护肤、健康养生、美食、教培等多个领域。本书列举了大量的案例和文案写作模板、步骤，旨在加深读者对新媒体短文案的理解和运用。

全书由浅入深，层层递进，语言通俗易懂，内容丰富详尽。教你真正掌握新媒体短文案写作的方法，学会用短文案去打造自媒体账号，去涨粉引流增加自己的私域流量，去成交客户，去接订单，从而实现多途径多渠道的赢利。这是一本文案人的工具书，也是企业和个人运营自媒体矩阵的内容营销指南。本书适用于有副业赢利需求，想要通过新媒体赢利的短文案创作零基础人员，也适用于想打造自媒体账号但不会写文案的自媒体博主及宝妈、白领、微商以及线下实体店想拓展线上生意但不会写内容的人来阅读。

**图书在版编目（CIP）数据**

秒赞短文案：新媒体文案写作速成 / 夏晓墨编著 . —北京：清华大学出版社，2024.2
（新时代·营销新理念）
ISBN 978-7-302-64752-2

Ⅰ．①秒… Ⅱ．①夏… Ⅲ．①传播媒介－文书－写作 Ⅳ．① G206.2

中国国家版本馆 CIP 数据核字 (2023) 第 192937 号

**责任编辑：**刘　洋
**封面设计：**徐　超
**版式设计：**方加青
**责任校对：**王凤芝
**责任印制：**杨　艳

**出版发行：**清华大学出版社
　　　　　网　　　址：https://www.tup.com.cn，https://www.wqxuetang.com
　　　　　地　　　址：北京清华大学学研大厦 A 座　　　　邮　　编：100084
　　　　　社 总 机：010-83470000　　　　　　　　　　邮　　购：010-62786544
　　　　　投稿与读者服务：010-62776969，c-service@tup.tsinghua.edu.cn
　　　　　质 量 反 馈：010-62772015，zhiliang@tup.tsinghua.edu.cn
**印 装 者：**三河市东方印刷有限公司
**经　　销：**全国新华书店
**开　　本：**170mm×240mm　　　　**印　　张：**14　　　　**字　　数：**235 千字
**版　　次：**2024 年 2 月第 1 版　　　**印　　次：**2024 年 2 月第 1 次印刷
**定　　价：**69.00 元

产品编号：100698-01

推荐语

夏晓墨是我的文案启蒙老师，因为跟她学了文案写作，我从一名职场妈妈成长为如今的自由文案人，不仅可以通过文案销售我的产品，还开了自媒体账号，接文案订单，有了很多变现渠道！这本书是晓墨老师多年实战经验的精华总结，值得所有想学习文案的人阅读！

——公众号"杜小鱼文案馆"主理人　杜小鱼

夏晓墨老师带我走进了文案行业，并且帮助我用不到一年的时间，从一名全职宝妈成长为独立文案人，实现了经济独立、精神自由！这本《秒赞短文案》比我当时学的课程更加详细，非常推荐有文案需求和副业变现需求的人阅读！

——公众号"张晓雯的文案圈"主理人　张晓雯

我是因为夏晓墨老师，才接触到短文案的，这本书是夏晓墨多年文案学习实践的总结，它能帮你找到创作的灵感，变革你写作的思维，更会让你看到通过文字叙述，传达的力量和影响有多强大。

——公众号"京华在成长"主理人　刘京华

如果你想做自媒体，文案就是获取流量的秘密武器；如果你想卖产品，文案就是成交订单的超级钥匙。夏晓墨老师是我认识 6 年的朋友，她一场活动可以吸引 2450 人付费学习，非常震撼！如果你拥有这本《秒赞短文案》，多年后回首，它将是你献给自己这段人生最珍贵的礼物！

——公众号"分销王子"主理人　罗光现

夏晓墨老师手把手教，让我一个文案小白，从需要指导、需要复审到一次过稿，迅速掌握短文案写作，一年内为 50 多个品牌写了 80 余个商单。她在书中分享的方法易懂易学，拿到就能用起来，你一定会受益匪浅。

——小红书"可斐文案"主理人　可斐

文案是一门手艺，这本书分享的是如何快速掌握这门手艺。无论方法、技巧还是案例，都是夏晓墨老师在文案和新媒体领域多年实战经验的总结。因为实用，所以值得一读再读。

——公众号"千凡文案营销"主理人　千凡

知识付费的老师很多，能遇到晓墨老师这样踏实靠谱的老师是我的幸运。人如其文，晓墨老师教授的短文案技巧简单实用，即学即用，让我真正在文案道路上从迷茫到落地，从新手小白到新媒体运营主理人。推荐晓墨老师的《秒赞短文案》。

——小红书"爱收纳的浅草"主理人　浅草

好文案是营销卖货的灵魂，夏晓墨老师的这本书告诉你如何写出销售力强的短文案。它涵盖了朋友圈、短视频、直播等多种场景的短文案形式。如果你想学习短文案写作，这本书值得一看。

——小红书"星月文案"主理人　星月

在这个时代，如果想在职场中脱颖而出，文案写作能力是必备技能。要想卖产品，做自媒体，打造个人品牌，文案写作是最基础的能力。而这些都能在晓墨老师这本书中找到答案，她用专业扎实的文案写作技能，让每个普通人都能快速学会写文案，这是一本值得反复看的文案书。

——小红书"鱼小酱在成长"主理人　鱼小酱

我曾是一个文案小白，通过向晓墨老师学习，在她的细心教导下，从一次次修改中，慢慢掌握了要领。从无到有，发现了自我，发现了真实，发现了文案的美好世界，这本书是小白文案成长秘籍，值得所有想通过文案变现的人阅读。

——小红书"安然在成长"主理人　安然

一篇好的文案，能在短时间内吸引到精准的用户群体，夏晓墨拥有多年文案实战经验，跟她学习后，我了解了文案，并从一个文案小白，到现在运营自媒体账号，将我之前所学的知识更好地呈现在大家面前，这本书是夏晓墨实战的精华总结，很值得一读！

——公众号"圣婴聊心理"主理人　林圣婴

夏晓墨老师是一位非常务实的文案老师，带着学员边学边接文案商单，从实践中提升自己的写作水平。我是从零基础开始跟着晓墨老师学习种草文案的，现在已独立接了超过40家一线品牌的种草商单。这本书浓缩了晓墨老师文案教学的精华，值得读者阅读。

——视频号"武汉开箱测评"博主　汐澜花

文案写作是这个时代最重要的能力之一，是普通人最好的自我投资。晓墨老师的从业经验丰富，她是我的文案启蒙老师，让我从一个文案小白慢慢成长为一个自由文案人。向有经验的人学习，才能学到真东西，晓墨老师的这本书既有理论，又有方法，更有大量模板和案例，推荐大家来学习。

——独立文案人　幽幽境

我在人生最迷茫的时候遇见了晓墨老师，她教我如何通过文字塑造自己的IP。晓墨老师教的文案方法适合我们零基础的普通人，如果你也想通过写文案来为自己加分，这本书强烈推荐！

——视频号"楠煊轻创业"主理人　楠煊

因为晓墨老师，我解锁了一项新技能，开启了一条副业之路——文案写作。从最初的无从下笔到接商单，再到现在的自由文案人，在不断的修改中学习成长，把副业做成了主业，感恩遇到晓墨老师，建议所有想学文案的人都来读一读这本书！

——公众号"艺橙文案"主理人　艺橙

　　我在学习文案之初就能够遇到晓墨老师，是何等幸运！晓墨老师手把手教，耐心细致地提意见、修改，使我很快就能上手进行独立写作，衷心感谢晓墨老师，带着我们不断成长进步。晓墨老师这本书融合了她多年文案写作和带学员的经验，非常值得阅读！

——小红书"F 的读书行动"主理人　方若烨

　　如果你想在工作之余，拥有另一份收入，学文案，是条捷径；如果你是个伟大的妈妈，已经和社会有了阶段性的脱节，想要重回轨道，发挥自己的价值，学文案，是条捷径；如果你想做自媒体，并靠它获得物质上的富足和精神上的丰盈，更好地体验人生，学文案，是条捷径！

　　作为一个因文案而获得职业自由的人，学文案入门，我推荐夏晓墨的这本新书，它全面又系统地介绍了不同平台的文案写作方法，这不仅是一个文案人多年写作经验的总结，更有可能开启你人生的新体验，帮你找到适合的变现方式。文字可以赋能任何一种职业，也可以承载任何一种生命的意义。

——公众号"丹心随行"主理人　丹丹

　　为什么说文案是人生逆袭的利器，是这个时代给普通人翻身的红利？因为学好了文案，无论你是否身在职场，你都可以利用文案这个工具把自己"推销出去"。说实话，如果当初我没有跟夏晓墨老师学文案，就没有今天的我，从手心向上的全职妈妈变成日入 2 万元的文案自媒体人。

　　夏晓墨，是一位特别专业、特别务实的文案老师。她把自己多年的实践经验都写进了这本新书里。如果你想通过互联网打造自己的个人品牌，如果你想用文案为你的产品或项目创造价值，让你的目标客户或合作伙伴主动来咨询购买与合作，那么这本书值得你借鉴和学习！

——公众号"勿忘浅笑"主理人　关关

前言

## 为什么我建议你一定要学点文案？

读到这本书的你，也许是一位企业白领，困在格子间每天做着重复的工作，因为缺乏核心竞争力，已经很久不曾升职加薪；也许是一名全职妈妈，尝试了很多副业，但是因为不会写文案、不懂宣传，都没有成功；也许是一位自媒体博主，报名学习了很多课，尝试了很多平台和许多形式，但是因为缺乏内容输出能力，涨粉和赢利都变得无比困难。

不要问我为什么了解得这么清楚，因为这些困扰和痛苦，我都亲身经历过。大学刚毕业那年，我在一家小企业做文员，工作琐碎没有技术含量，月薪只有700元，可是这样的工作我却整整做了4年，因为害怕辞职后找不到工作。直到后来转行到文案，工资才开始上涨。

后来的一段时间，因为家庭需要，我做了两年的全职妈妈。没有收入的日子，我开始用副业对抗焦虑。我先后尝试过淘宝一件代发，做过微商，通过朋友圈卖童装、洗发水、指甲贴、护肤品，还做过社交电商。因为不会写文案只能疯狂刷屏，结果赔了钱，剩下一堆货。直到后来，懂得了朋友圈文案，再次尝试卖海苔，一个月竟招募到 23 名代理。

知识付费兴起后，我报了许多课，参加了各种训练营，加入了好几个高端社群，但是只有文案这个技能让我赚到了钱。从接文案订单到做文案培训，再到做自媒体博主。虽然视频拍摄剪辑和设计水平都很一般，但是因为会写文案，我用 6 个月时间，把视频号做到了 1.2 万的粉丝，用 4 个月时间把小红书做到了 1.7 万的粉丝。在做自媒体的过程中，我发现对于一个自媒体博主来说，文案能力才是最核心的能力。

文案能力有多重要？小到写一段自我介绍，发一条朋友圈，大到做一次活动，运营一个自媒体账号，都需要文案。我们需要通过文案去影响别人，让别人从没有听说过到喜欢上你，从没有需求到为你的产品或项目付费。

可以说文案是整个互联网商业的枢纽，无论你是做线上电商、社群、教育培训，还是做线下的咖啡厅、民宿、服装店、餐饮等。想要实现业绩增长，都需要通过自媒体平台（公众号、视频号、抖音、快手、小红书）去传播，去让更多的用户知道你，去成为用户有需求时首先想到的选择，甚至是指名购买，而这些传播转化都离不开好文案。

对于普通人来说，掌握了文案技能，你可以选择通过朋友圈、社群去销售产品赚取利润；也可以选择运营自己的自媒体账号，通过影响力去赚广告费，通过直播去销售自己的咨询、课程、产品和服务；当然也可以把文案作为自己的职业或者副业，通过为商家写文案赚稿费，通过教别人写文案赚培训费，甚至可以通过自己的文案写作技能入股别人的项目去赚取利润。

可以说，无论你是什么身份，无论你从事的是什么职业，只要你想通过互联网赚到钱，你就一定要学一点文案技巧，这会让你达到事半功倍的效果。

## 其实文案写作比想象中的要简单

很多人说，提起写文案，就感到头疼，理由是自己文笔不好，从小就害怕写作文，或者是自己学历不高，担心学不会，写不出来。

如果说要去写创意广告，去写几千字的卖货长文案可能确实有难度，但是我们要学的是只有几百字甚至是几十字的短文案，这种文案和文笔没有太大关系，和学历也没有太大关系。

做文案培训这么多年，跟我学习文案的有职场白领，有实体店的老板，还有很多都是全职妈妈。她们之前没有从事过任何与文案相关的工作，但是经过学习和练习后，不仅可以快速地写出让甲方满意的文案，成功运营了自己的自媒体账号，还成了文案老师甚至企业的朋友圈内训老师。

我自己也只有大专学历，所学的也是与文案毫无关系的专业，但是因为掌握了短文案写作的技巧，我写出了单条带货6万元的短文案，也写出了浏览破百万的爆款短视频脚本文案，与多个知识付费平台合作出课、写书，甚至通过短文案写作实现了逆袭。

可以说短文案写作相对简单易上手，且是一个市场需求大、运用范围广、容易赢利的技能。

短文案写作技巧，不看文笔，不靠灵感，而靠具体的方法和步骤以及大量的实践练习就可以快速掌握。这个技巧的核心步骤我总结了四个，只要你跟着这四个步骤去不断地刻意练习，即便你是一个零基础的小白，也能快速写出一篇短文案，为你带来一份收入。

步骤一：确定本次短文案写作目的

很多刚刚开始学习短文案的人，在接到一个文案需求或者订单的时候，会特别激动，立马动笔去写，结果是写出来的文案不是客户想要的。

其实不是你写得不好，而是没有搞清楚短文案写作的步骤，短文案写作的第一步不是盲目地去写，而是要先确定短文案写作的目的。

一般来说短文案写作的目的分为品牌宣传和销售产品，这两个目的所需要的文案风格和写法是完全不一样的。我们先要和需求方详细沟通，他的产品项目目前处于什么阶段，写这条文案的目的是什么，或者根据他产品项目所处的阶段提出建议。

确定了写作目的，也就确定了写作方向，这个时候我们再动笔去写，就简单多了，也降低了改稿和重写的概率。

步骤二：找到精准的目标人群

确定了写作方向，我们还要去了解产品项目所对应的精准目标人群，因为不同的人，他们关注的点不一样，运用产品和项目的场景不同，喜欢的沟通方式也不一样。而文案其实就是一种沟通，只有说到对方心坎儿上，对方才愿意停下来听你说，才会被你影响，这就要求我们在写文案之前还要做好用户画像。

并且有些产品，它的使用者和购买决策者并不是同一个人，这个时候我们就要给使用者和购买决策者分别做用户画像。做用户画像也不难，通过几张表格进行总结提炼，再用角色设计的方式进行详细描述，就可以做好用户画像，这部分内容在本书的第 4 章有详细讲解。

**步骤三：根据平台特点搭建短文案框架**

麻雀虽小，五脏俱全，短文案虽然很小，但是也有自己的框架和写作逻辑，短文案写作的第三步是搭建文案框架。文章的框架相当于人体的骨架，虽然涉及的平台不同，但是底层逻辑和结构是一样的，短文案基本上都包含标题、开头、内文、结尾这四个元素。我们就是要考虑通过什么样的形式把这些元素组合起来，这就需要我们结合自媒体平台来确定了。

另外，不同的自媒体平台有自己的风格和特点，所需要的文案撰写方式也不一样，如果你写的文案不符合平台的特点，不仅不会有曝光量和好的数据，甚至还有可能被平台判违规或者删除。

比如朋友圈文案，一般来说就是需要简短的，太长了就容易被折叠；小红书平台需要的是干货、合集、种草类的文案；知乎、百度知道等平台需要的是问答文案；同为短视频平台，视频号、小红书和抖音、快手喜欢的内容结构又有所不同。

当我们掌握了几种主流自媒体平台的文案结构，再接到一个文案需求，分析完文案写作目的，做好用户画像，确定了发布平台后，大概就知道文案要写成什么样的形式了。这就好比我们画竹子，我们先知道竹子长什么样，就不至于画成其他植物了。

本书第 7 章至第 13 章，每章介绍一个平台，分门别类，几乎囊括市面上所有主流自媒体平台文案的写作技巧和步骤，还列举了大量案例。读完这几章，即便你是一位没有学过任何文案的人，也能快速列出一篇基本符合要求的自媒体文案框架。

**步骤四：根据框架落笔成文和润色修改**

有了框架有了思路，接下来就是结合产品项目及平台填充内容，这样就能快速完成一篇 60 分的文案。

不过，想要让文案更能打动人，有更高的转化率，还需要对文案进行修改优化。在本书的第 6 章，给出了判断好文案的四个维度，还讲解了把一篇短文案从 60 分提升到 90 分的三个润色修改技巧。

可以说，通过这样的几个步骤，我们就完成了一篇高质量的、能够影响到消费者或者带来成交的短文案，也能帮助我们从一个不会写文案的人，进阶成一个初级的文案写手。当然你也可以找到自己薄弱的部分，或者自己最想学习的自媒体文案类型，根据书上的方法进行针对性的训练。

如果说，想要通过写短文案赚钱，甚至把短文案当作一项可以长期从事的工作和事业，那么本书 14 章至 17 章的内容有详细的介绍。通过本书系统的学习，任何人都有机会实现零基础短文案赢利，而且你不用担心自己在学习或者赢利的过程中遇到困惑。

因为我一直都在，当你在学习或者赢利的途中遇到问题的时候，你只要去公众号、小红书、视频号等任何一个平台搜索"夏晓墨文案"就能找到我。任何关于短文案写作和赢利的问题，你都可以来咨询我，我会积极为你提供解决方案，我还会不定期地举办公开课、直播、实战营等进行知识分享，欢迎你随时加入。

最后，诸多感谢。感谢我的前领导新疆伊力特集团营销总监张喜锋先生，前领导圣梦护肤品公司策划总监史巧燕女士对我工作的严苛要求和经验指导。

感谢前奥美广告人关键明老师带给我的互联网文案启蒙，带我走上了知识付费的道路，让我看到文案这个职业的无限可能。

感谢时间管理专家邹小强、双域闭环系统首创者端银、卖货文案实操专家雨涛、500 强企业文案内训师叶小鱼、私域实干家麦子、超级个体教练王睿等老师，在我写书过程中给予的鼓励和指导。

感谢我的家人，为我承担太多，给予我足够的时间和空间，支持我追求自己的梦想！

感谢华文未来出版策划公司的老师们帮我联系对接出版社，感谢清华大学出版社的编辑老师们的辛苦付出！

感谢过往短文案训练营学员对我的支持，不少学员上完课后开始运营自己的自媒体账号，开始把短文案当作一项长期的副业来做，更有人因为学习了短文案，重新定位了自己的职业方向，走上了独立文案人之路！

也感谢我的合伙人们一直以来对我的信任支持和追随鼓励，让我在写书的路上能够战胜所有困难，勇往直前！

最后的最后，我要感谢你——亲爱的读者，你能翻开这本书读下去就是对我最大的信任和支持，也期待着这本书能给你带来关于文案的启蒙，带你走上文案赢利之旅！

"一无所知的世界，走下去才会有惊喜"，这是我一直都很喜欢的一句话，送给每一位读到这本书的人，也希望这本书能给你带来惊喜！

特别提醒：本书涉及的新媒体平台都是撰稿时的最新版本状态，操作页面和功能板块可能与当下最新版本存在细微差异，但不影响读者学习。

夏晓墨

2023 年 4 月 17 日

## 趋势篇：
## 把握趋势，私域掘金

## 基础篇：
## 打好基础，快速成文

## 实战篇：
## 多平台实战，私域成交

# 赢利篇：
# 多赛道结合，持续赢利

# 趋势篇：
## 把握趋势，私域掘金

# 第1章
# 懂私域才能做好内容营销

在公域流量获客成本越来越高的情况下，越来越多的商家和个人开始转战私域，通过私域流量带来了源源不断的成交和复购。那么究竟什么是私域流量，私域流量对营销来说有什么价值，怎么做才能使私域流量的价值最大化？这是本章主要介绍的内容。

## 1.1　什么是私域流量

"私域流量"的概念虽然多年前便诞生于淘宝客的淘系生态，但直到2018年才逐渐被行业重视，同时，"私域流量"的内涵也开始拓展，并且近两年其关注度不断提升。

那到底什么是私域流量呢？私域流量是指企业或者个人能自主运营，反复自由利用，无须付费，又能随时直接触达的流量资源，它属于流量拥有者的私有资产。

通俗易懂的解释是：个人拥有完全支配权的账号所沉淀的粉丝、客户、流量，可以直接触达的、多次利用的流量，如个人微信号、企业微信号、社群里的粉丝或者顾客，就属于私域流量。

## 1.2　私域流量的价值

如果我们经常关注市场营销动态就会发现，近几年，曾经靠大量投放网络广告获客的企业、商家和个人都开始转战私域了。一些企业成立新媒体内容运营团队，布局自媒体账号，把用户留存在个人微信或者企业微信上，用朋友圈和社群去影响用户，让用户记住自己的产品和项目以便在需要的时候首先想到，从而带来源源不断的成交及复购。大量的自媒体博主也着手认真运营多个微信号并且拥有自己的粉丝群，在他们有课程、服务或者产品需要推广销售的时候，这些私域用户就成了他们的第一批用户，具体来说私域流量有三大价值，如图 1-1 所示。

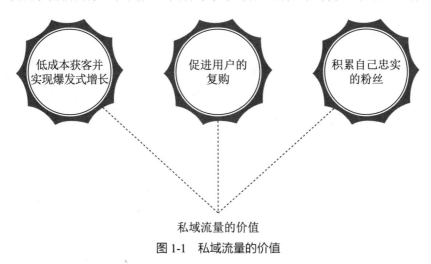

低成本获客并实现爆发式增长

促进用户的复购

积累自己忠实的粉丝

私域流量的价值

图 1-1　私域流量的价值

### ▶ 1.2.1　低成本获客并实现爆发式增长

比起在媒体、网站等渠道投放曝光，通过微信号、微信群等私域流量来获客，运营成本比较低，试错成本也很低，特别适合一些新项目的开发和拓客。就像前两年非常火的朋友圈裂变海报就是这样操作的。设置好吸引用户的点，比如一个专业性非常强的老师，计划讲一个引人关注的课程，有人如果想要免费听，只需要把海报转发到朋友圈，这种方式门槛低，很多人愿意参加，通过这样一传十、十传百，就能快速地实现爆发式的用户增长，吸引到第一批用户。

### ▶ 1.2.2　促进用户的复购

私域流量运营得好，不仅能低成本获客，还能带来用户的复购。继续用课程举例，在免费课程或者低价课程开展中，运营人员可以观察筛选部分活跃的、有可能付费的客户做重点的维护，通过私信等方式了解他们的真实需求，并引导其再次下单。

在整个课程的体验中，更要关怀用户，经常与客户交流沟通，比如是否听得懂，对课程有什么不满意的，这样的问题从客户那里得到答案并及时反馈，讲课老师可以对反馈内容给予专门的回应，从而促使客户继续付费学习其他内容。除了付费课程，实物产品的销售也是一样的。营销人员注重销售体验，维护好老客户，让老客户信任你依赖你，就能带来源源不断的复购。

### ▶ 1.2.3　积累自己忠实的粉丝

无论微信公众号、微信群还是企业微信，其用户本质上都是一种社交关系，尽管用户间亲疏程度不一样，但社交平台的发展，让陌生人之间也能够变得熟悉、亲密。而一名优秀的私域运营者，他们能把用户变成朋友，除了产品销售，他们还能给用户提供关于生活、工作等多方面的实用建议，甚至会像朋友一样耐心聆听客户的倾诉。

而这份亲密感不仅可以带来更多的订单，还能让用户更加认可你，成为你忠实的粉丝。黏度高的用户可以跟随你转战不同的渠道，甚至帮助你维护其他的用户。比如当你从微信群、公众号，转战到视频号、抖音、小红书等自媒体平台，或者通过直播带货等方式来销售其他产品时，该部分用户也愿意跟着你，给你捧场来购买你的产品。

## 1.3　私域流量的核心是内容营销

想要做好私域运营，拥有源源不断的订单，就需要不断地生产吸引用户的内容，也就是说内容营销是私域运营的核心。

在这个方面护肤品牌"林清轩"是非常好的例子。"林清轩"自 2003 年创立以来，一直以线下门店销售为主，至 2020 年新冠肺炎疫情期间内外交困，不能开店、没有顾客、没有现金流，而房租等支出却依然要承担，公司内部氛围极度低迷。公司管理层经过不断地思索、实践后发现，通过微信端的私域流量去成交是有效解决企业困境的方式，于是开启了私域运营之路。

一开始，"林清轩"发布的朋友圈的内容是电商海报广告，如图 1-2 所示。

结果发现，几乎没有效果，也就是说顾客根本不看广告。最终经过反复论证，"林清轩"成立了内容工厂，专门生产符合私域运营的内容，改变思路后生产的文案是这样的：

图 1-2　"林清轩"发布朋友圈最初使用的图片

　　**案例一**："我一个贩卖人间美丽的能有多复杂，无非就是春天怕你过敏泛红，夏天怕你晒伤晒黑，秋天怕你干燥脱皮，冬天怕你上妆卡粉，现在又要操心'女神节'你买什么最合算！"

　　**案例二**："夜宵店老板让你钱花了人也变胖了，我就不一样啦，让你钱花了开心了，人也变漂亮了，在此吆喝一声，'女神节'倒计时活动进入！"

　　短文案搭配的是产品实拍图，这样的内容因为鲜活、有趣、落地而大受用户欢迎，依靠这样的内容，"林清轩"在新冠疫情期间的至暗时刻，销售额不仅没降低反而增长了 70%，且私域用户的月复购率达到 20%，这是从前经营线下门店时不敢想的数据。

　　"林清轩"的创始人孙来春说："现在私域特别火，很多人总结了许多方法论，用什么软件、如何加群等，但我们的经验是，做私域最核心的工作就是踏踏实实做内容，有人设的内容营销，写好文案，这才是私域运营的核心。"

　　因此，要把自己的私域流量做好，想通过私域流量获客、产生复购，甚至把私域流量变成自己忠实的粉丝群，都需要做好内容营销，而内容营销与短文案的生产能力是息息相关的。

## 本章小结

1. 私域流量是指企业或者个人，拥有完全的支配权的账号所沉淀的粉丝、客户、流量，可以自主运营、直接触达，并能多次反复利用的流量资源，它属于流量的私有资产。

2. 私域流量具有低成本获客并实现爆发式增长、促进用户的复购及积累自己忠实的粉丝这三重价值。

3. 私域流量的核心是内容营销，而内容营销的重点是生产好的短文案。

# 第2章
# 短文案是内容营销的未来

在时间严重碎片化的时代，相比花费时间追剧、看长文章，越来越多的新媒体用户倾向于把时间花费在刷短视频和阅读短小精悍的文字上。短文案由于其短、准、快的特点，更符合时代发展的趋势，也因为市场需求量大、简单易学而被越来越多的以营销为目的的企业和个人青睐。可以说短文案已经成为内容营销的未来，那么究竟什么是短文案，短文案有什么特点，短文案在内容营销中又能发挥什么作用呢？

## 2.1 什么是短文案

提到短文案，可能大多数人想到的就是朋友圈文案和微商文案，但这只是短文案领域的一小部分、一个分支。

短文案的种类很多，用到短文案的平台也很多，比如当下很火的小红书笔记，还有"知乎""今日头条""百度知道"上面言简意赅的回答，以及各个短视频平台紧缺的短视频脚本文案，甚至包括微博文案、SEO软文、社群发售文案、直播脚本等，这些都属于短文案范畴。

总结起来，短文案其实就是指那些用词精准、篇幅短小的文案，内容或为新闻资讯或为个人感想，又以产品营销文案最常见，此类文案能够用简短的文字迅速地概括出产品特点，准确、有效地传达出核心信息和感情，引发读者的共鸣，促使他们采取某种行动，如购买产品、下载应用等。

## 2.2 短文案的三大特点

与传统的长文案相比，短文案的篇幅更短，使用范围更广，更容易撰写，也更方便阅读，总结起来，短文案有三大特点，如图2-1所示。

短：所谓短文案，就是字数少、篇幅短，能用最简短的文字表达出写作目的，这样更容易让人记住。很多脍炙人口的广告语其实都是短文案，如图 2-2 所示*"农夫山泉有点甜"*，这是农夫山泉的广告语；还有王老吉的广告语*"怕上火，喝王老吉"*。

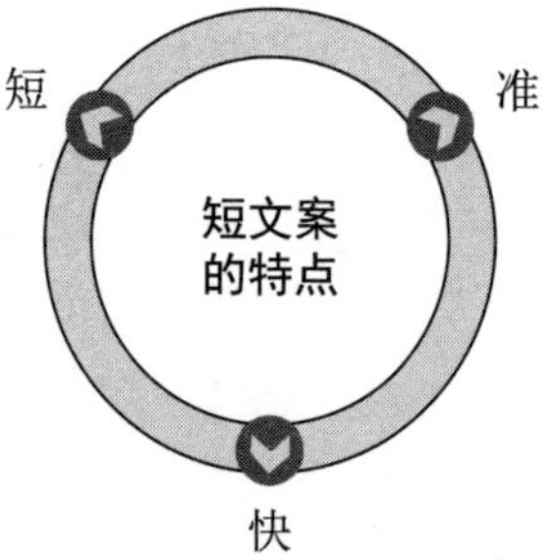

图 2-1　短文案的特点

准：所谓"准"，简单的理解就是，把特定的产品卖给特定的人。现在所有的自媒体平台都在鼓励做垂直领域的内容，就是使产品和用户之间的路径最短，让用户以最快的速度找到自己需要的产品，而自媒体平台上所使用的短文案其实就承担着这样的任务。商家不追求大而全，而是找到一个特定的细分领域，用精准的短文案把内容铺垫做好，流量来了，只要客户有需要自然会购买。

图 2-2　农夫山泉广告语

快：在信息瞬息万变的时代，一个热点出来如果我们不快速行动，很快就会错过；你有一个想法、一个观点，当你酝酿好了情绪，绞尽脑汁写完了长长的文字后，你才发现别人已经先你一步写出来了，因为现在不管是大公司、小公司，还是团队、个人，大家都在抢用户、抢时间、拼服务、拼技术、拼创新、拼个性，所以一切都要"快"，快速吸收消化，快速表达，也是短文案的一个特点。

## 2.3　短文案的优势

在产品宣传和销售的过程中，文案的作用是不言而喻的，较之长文案，短文案具有以下优势，如图 2-3 所示。

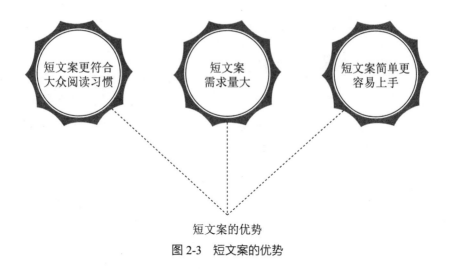

图 2-3　短文案的优势

### ▶2.3.1　短文案更符合大众阅读习惯

在时间严重碎片化的今天，相比花费时间追剧、看长文章，人们越来越倾向于把时间花费在刷短视频和阅读短小精悍的文字上。

可以说这是一个全民短视频的时代，看看我们身边那些玩手机的人，从青年到老人，从家庭主妇到办公室白领，大部分人都有刷短视频的习惯，有一些人甚至自己拍摄、制作短视频。看短视频、拍短视频，已经成为大众的一种日常习惯。用户在哪里，我们就要去哪里，所以说，短文案这种短小精悍的形式更符合大众的阅读习惯，也是内容营销的发展趋势。

### ▶2.3.2　短文案需求量大

对于企业来说，产品的广告宣传必不可少，但是很多企业，尤其是中小企业没有足够的财力去投放电视、广播广告，也不愿意冒风险花高价钱去平台投放长文案广告。但是短文案不一样，企业可以通过自己的朋友圈、"小红书""抖音""视频号""知乎"等免费平台长期稳定地更新内容来宣传自己的产品，通过新媒体平台，来吸引流量乃至成交，并且这些平台企业可以自己控制，还可以把这些平台上的用户变成自己的私域用户。

这些平台目前竞争十分激烈，想要通过自媒体平台脱颖而出，就需要有符合自己产品和用户定位的精练内容做支撑，这些都需要短文案。如果我们去招聘网站上搜索，也会发现大量企业和机构都在招募短文案写手、短视频脚本写手等，可以说短文案写作岗位的需求量特别大，职业前景持续看好。

### ▶ 2.3.3　短文案简单更容易上手

说到文案，可能很多人会说"我最怕写文案了"，如果是传统的文案或者普通文案，确实没有几年的功底和实践是很难出成绩的。但是短文案不一样，短文案更简单、更容易上手，只要掌握了规律、方法，即便没有基础也能很快写出好的文案，甚至很多做出爆款内容的人，他们的工作或职业和文案根本都不沾边。

与传统文案相比，短文案更简单、易学。传统文案与短文案的特点对比如表 2-1 所示。

表 2-1　传统文案与短文案的特点对比

| 传 统 文 案 | 短 文 案 |
| --- | --- |
| 写作要求高 | 写作要求简单 |
| 能力要求高 | 能力可快速培养 |
| 写作时间长，难度大 | 写作时间短，简单易上手 |

可以说，短文案是内容营销的未来，企业和个人都应该重视短文案的学习和运用。

## 本章小结

1. 短文案是指那些用词精准、篇幅短小的文案，常见的产品营销文案能够用简短的文字准确地概括出产品特点，给人留下深刻的印象且可促进用户下单。

2. 短文案具有"短""准""快"三大特点。

3. 短文案更符合大众阅读习惯、短文案需求量大、短文案简单更容易上手，短文案是内容营销的未来，因此企业和个人都应该重视短文案的学习和运用。

# 基础篇：

## 打好基础，快速成文

# 第 3 章
# 爆文方向：想好写什么，事半功倍

很多人觉得写文案最重要的是了解产品和目标人群，这两点确实很重要，但是和了解产品和目标人群同样重要的是明确写作目的。明确写作目的就好比出行前先确定要到达的目的地，只有目的地明确，才知道如何设置导航，如何规划最优路线。如果写作前没有明确的目的，盲目地写作，这样不仅浪费时间走冤枉路，还很可能导致写出来的文案是无用的。本章主要介绍短文案写作有哪些目的，为什么要明确短文案的写作目的，以及如何通过简单三步确定一篇短文案的写作目的。

## 3.1 短文案写作有哪些目的

说到短文案的写作目的，也许很多人会觉得就是把产品卖出去，获得经济收益。其实，这只是广告型短文案写作的目的之一。

笔者在本书第 2 章也提到，短文案的类型很多，而不同类型的短文案，其目的是不一样的。

比如朋友圈文案、微博文案、小红书文案、短视频脚本等社交媒体文案，目的是提高品牌在社交平台上的曝光度，与消费者建立互动关系。

再如 SEO 软文等新闻稿文案，其主要目的是提高公司和产品的曝光度，提升品牌形象，而像知乎、百度知道等问答或者干货总结性文案，则是为用户解疑答惑，提高用户的满意度，塑造自己专业的行家形象。

内容营销类的短文案主要通过提供有价值的内容建立品牌形象，提高用户的黏性，热点短文案是将品牌或产品与热点事件关联，通过增加曝光来吸引新的潜在客户。

总之，不同类型的短文案，其写作目的不同，表现形式和要求也不同，在此我们不做深入研究，仅讨论广告类短文案的写作目的。其目的有两个，如图 3-1

所示，即品牌宣传和销售产品。

　　宣传的可能是公司形象，也可能是个人形象或者产品形象，需要销售的可能是实物产品，也可能是虚拟产品、课程等，但撰写短文案的目的都是围绕着这两个方面展开的。

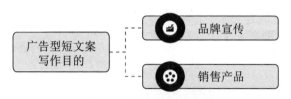

图 3-1　广告型短文案写作目的

## ▶ 3.1.1　品牌宣传

　　所谓品牌宣传，是指通过一定的策略，让用户对产品从不知道到知道，从无感到有感，加深用户对产品的了解，增强用户对产品的信任和记忆。比如电商平台，说到淘宝，我们会想到产品应有尽有；说到拼多多，我们想到低价、便宜；说到京东，我们会想到高品质的电器和电子产品。这些都是平台经过长期的品牌形象塑造，给用户留下的印象，这就是长期做品牌宣传的结果。

　　在品牌宣传的过程中，短文案是必不可少的，下面我们通过两组海报和朋友圈的案例，来看看短文案是怎么塑造品牌形象的。

### 1. 海报短文案

　　图 3-2 为"江小白"的海报文案**"明天有明天的烦恼，今天有今天的刚好"**。

图 3-2　"江小白"品牌宣传文案

这样的文字读起来的感觉是文艺清新，细腻温暖又带着淡淡的忧伤，会特别吸引大学毕业初入社会的青涩文艺青年。

我们再来看第二张海报，如图3-3所示，白酒"红星二锅头"的短文案"**把激情燃烧的岁月灌进喉咙**"。读着这样的文字，是不是可以立即联想到一幅画面：一群退伍多年的中年男人在一起推杯换盏、酣畅淋漓，他们豪爽、粗犷、历经沧桑，久别重逢、酒兴正浓。这就是短文案对"红星二锅头"品牌的塑造和宣传效果。

图3-3 "红星二锅头"品牌宣传文案

以上两款产品虽然同为白酒，但由于对用户群体年龄定位不同，品牌宣传文案中使用的语言风格就不一样，这就使产品在用户心中留下的印象和感受也不一样。所以，如果现在和你说起"江小白"，你的脑子里是不是立刻想到文艺、清新和淡淡的忧伤感；说到"红星二锅头"，你是不是就想到了豪爽、粗犷等词汇。这就是品牌宣传所带来的产品记忆点。

### 2. 朋友圈短文案

再来看一组朋友圈个人品牌短文案，第一条是活跃在知识付费圈子的一位操盘手——分销王子写的，他也是笔者的一位朋友，他的文案是这样的：

> "周日举办的端午私享会，没想到这么多人参与，感谢！
> 从不敢上台到自己组织活动，突破自卑、恐惧，完成了蜕变。此中虽不易，影响却非凡。"

他利用朋友圈短文案把自己塑造成一位积极上进、努力挑战自我的新青年形象，所以，他的短文案中会有克服自卑、恐惧的描述，也会有一直努力、不曾放弃的文字。

第二条是知名的知识付费大咖、畅销书作家秋叶大叔写的朋友圈文案：

"看小图我像斑马，点开看我像白马吗？悄悄告诉你，我和佩娜聊了一下午秋叶书友会应该怎么做，思路清楚了。"

他的朋友圈短文案幽默风趣，因为穿了一件条纹的衬衫，所以戏称自己是斑马，通过短文案，我们就知道，这是一位淡定从容、不断努力学习新知识的幽默人士。

这些都是靠短文案在树立个人品牌形象。从上面的两组案例中，我们可以看出无论是海报文案还是朋友圈文案，它们都有着共同特点：没有购买引导的描述，主要是通过塑造人物性格，打造一个品牌形象，营造一种记忆点，最终达到增加用户信任和认可的目的，这是品牌宣传文案的特点，也是短文案写作的第一个目的。

## ▶ 3.1.2　销售产品

短文案（广告型）写作的第二个目的则是销售产品。对于销售产品，大家见得很多，理解起来也比较容易，简单来说，就是通过短文案的描述，直接让用户产生购买行为，提高产品的成交量。

以销售产品为目的的短文案，根据产品的所处阶段，又细分为新品上市、日常销售、节假日促销等不同的销售目的，下面我们用几组案例来介绍产品销售各个阶段的文案特点。

### 1. 新品上市文案

如图 3-4 所示，这张甜品的海报文案"新品上市""第二杯半价冬季限定"有明确

图 3-4　芋泥豆乳新品上市销售海报

的购买引导和优惠说明，主要目的是引导顾客扫描海报上的二维码下单购买新品，这属于新品上市的销售产品文案。

### 2. 日常销售文案

我们再来看日常销售文案。如图 3-5 所示，**"精华满载，胶原满驻，不松不垮不显纹""全新胶原霜，780 元 /50ml""立即前往"**是某知名护肤产品的销售文案，也是大多数电商平台上的产品海报。简短的文字概括了产品特性，有用户利益点、有价格，也有明确的购买引导，这就是最常见的一种销售产品短文案。

图 3-5　护肤品电商销售海报

### 3. 节日促销文案

如图 3-6 所示，某美食店铺"6·18"大促的短文案，**"全场大促，美味狂欢"**有明确的主题，**"全场 2 件 8 折，满 300 减 30"**有优惠政策，**"点击立即购买"**有购买引导，"活动时间：6.15—6.18"指定了促销时间，这就属于节假日促销短文案，像"双 11""双 12"及各种店庆、节假日等都会用到这样的短文案。

图 3-6　节日大促海报

以上三种都属于销售产品短文案，此类短文案和品牌宣传短文案最大的区别就是有明确的购买引导，目的是让用户看完之后有所行动，这也是短文案（广告型）的第二个目的。

## 3.2　为什么写文案前要明确短文案写作目的

短文案属于文案的一种，和所有文案一样，写短文案之前一定要明确写作目的，这是非常重要的，是不可忽视的一个环节，原因有三个，如图 3-7 所示。

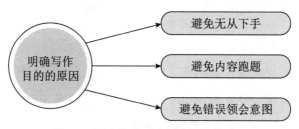

图 3-7　写文案前明确写作目的的原因

### ▶ 3.2.1　避免无从下手

文案写作目的就是写文案要达到的效果，是指引文案写作的方向，即便是写仅有几百甚至几十字的短文案，也要弄清楚写作目的。而现实中很多人在短文案写作过程中，会出现不知道该从哪里写起、无从下手的情况。于是，开始抓耳挠腮地想啊想啊，想了一小时、两小时，还是一个字也没有写出来。最后，为了交稿，就在网上随便找一些文字，不管是否符合自己的产品，就去套用，结果自然是不能达到短文案的写作预期。为了避免这种情况发生，我们在短文案写作之前一定要明确文案写作目的。

### ▶ 3.2.2　避免内容跑题

每一条短文案都有一个主题，即便是简短的文案也要围绕主题去写，而文案的主题其实也是根据文案写作目的衍生出来的。在现实中，我们会发现还有一些人对写短文案充满了激情，当他们拿到短文案选题时会立马拟好标题开始写，灵感爆棚，创作热情高涨，于是越写越激动、越写越多，结果写完之后，回过头一看稿子，满是疑惑：怎么和自己想写的完全不一样呢？这是因为他们写着写着就偏离了方向，写出来的内容已经与原先的想法完全不一样，最后只能重写。出现这种情况其实也是因为写短文案之前没有明确文案写作目的，没有做到紧紧围绕主题去写作，最终导致写作内容跑题。

### ▶ 3.2.3  避免错误领会意图

无论是你的老板还是需求文案的商家，其实他们在下发一个文案写作任务时，内心都有一个文案创作的意图，也可以说是目的，是宣传品牌还是销售产品，他心里肯定是很清楚的。那么你在接到短文案写作任务后，可能会用关键词去互联网上搜索、查资料，参考同类产品的短文案，找灵感，去借鉴，字斟句酌，勤勤恳恳地写完，觉得自己写得还不错，然后信心满满地给需求方发过去。

结果需求方看完就说：这不是我想要的短文案，你再改改；或者是暂时采用了，但短文案效果不好，需求方非常不满意，要求重写。这时你一定会想不通，自己那么用心写的短文案，读起来很好，为什么会效果不好，需求方会不满意呢？

其实就是因为你在下笔之前，还没有领会需求方的真正意图。因为大多数时候需求方是不会，也没有意识到要清晰地表达自己这条文案的目的，他甚至认为你明白。这个时候，如果文案人员不去主动询问，而在没有弄清楚这个短文案的写作目的时就动笔，那么很有可能你写出来的不是需求方想要的内容。

这里，笔者讲一个真实的案例。有一次，笔者的一个客户需要五条关于某品牌汽车的知乎问答短文案，每篇 100～200 字，字数不多，客户也给到了关键词，看起来很简单。笔者就把客户推荐给一名初学文案的学员，让她自己去沟通完成。两天后，这位学员找到了笔者，说笔者介绍的订单她写不了，让笔者另找人写。仔细询问后，她委屈地告诉笔者，她查了很多资料，用心写的短文案，客户一条都看不上，让她重新写，反复几次改下来，她有点崩溃，她实在不知道客户到底想要什么样的文案。

怎么会这样呢？通过跟客户沟通相关情况后发现，客户其实只是想宣传这个汽车品牌，并不是想卖车，但是这个学员写的五条短文案都是这个汽车品牌的销售广告而非宣传广告，这和客户的要求完全不一样，客户当然不满意，会要求她重新写。

可以说，偏离目的的短文案是无效的短文案！所以说，为了提高我们的写作效率和需求方对短文案的满意度，避免上述三种短文案写作中出现的问题，写短文案的第一步，就是要明确短文案的写作目的，这是写出好短文案的基础。

## 3.3　三步确定短文案写作目的

弄清楚短文案写作目的的重要性之后，在具体写短文案的过程中应该如何确定短文案的写作目的，让短文案写作事半功倍呢？可以通过图 3-8 所示三个步骤。

图 3-8　确定短文案写作目的三个步骤

### ▶ 3.3.1　根据产品销售阶段确定短文案主要内容

在前面讲到短文案写作目的的时候，我们发现无论是品牌宣传还是销售产品，同一个写作目的下，会有多种内容的写作文案，因此我们明确短文案写作目的的同时就要了解客户的产品或者项目所处的阶段，然后大致判断出符合用户需求的短文案内容。

那么如何判断产品项目所处的阶段呢？其实，产品项目上市销售是有规律可循的，总的来说，每一个产品的销售过程都包含预热、上市、热销、成熟四个阶段。而每个产品项目处于不同的销售阶段，其所需要的短文案都是不一样的。这里以一款面膜销售的不同阶段所需要的朋友圈短文案为例，用表格来展示出产品每个阶段对应的短文案信息，见表 3-1。

表 3-1　不同产品阶段的短文案类型

| 产 品 阶 段 | 短文案类型 |
| --- | --- |
| 预热 | 研发、测试、客户预约、倒计时、日常状态、护肤干货知识 |
| 上市 | 日常状态、护肤干货知识、使用感受、产品卖点、品牌背书、促销信息 |
| 热销 | 晒销量、晒发货进度、晒使用场景、晒好评、日常状态、护肤干货知识 |
| 成熟 | 晒复购、晒老客户介绍新客户案例、晒售后服务、日常状态、护肤干货知识、代理招募 |

表 3-1 清晰地展示了产品项目在不同销售阶段短文案应侧重的内容，当我们

了解了产品项目所处的销售阶段后，就可以根据这个表格，确定我们该写的短文案内容，才不会使短文案偏题。

### ▶ 3.3.2　根据宣发平台确定短文案风格

确定了短文案的主要内容，我们就要着重去了解产品准备在哪个平台做推广，因为不同的平台，目标用户不一样，平台特点不一样，需要的短文案内容和风格也不一样，六大主流平台特点及短文案风格如表 3-2 所示。

表 3-2　六大主流平台特点及短文案风格

| 平　　台 | 平 台 特 点 | 所需短文案风格 |
| --- | --- | --- |
| 朋友圈 | 社交性质强、隐私性、便捷性、互动性 | 产品文案、IP 打造品牌宣传文案、生活文案、晒单、互动 |
| 头条号 | 主推新闻、娱乐、情感 | 问答文案、微头条等 |
| 短视频 | 时效性、视觉冲击性强、内容丰富、强大的算法推荐 | 短视频脚本、直播脚本 |
| 小红书 | 以女性为主，侧重购物、美妆、旅游、育儿等主题 | 测评笔记、好物分享、干货合集、生活攻略、短视频脚本 |
| 知乎 | 以白领和职场人为主，侧重知识分享 | 问答文案、干货、经验、技术帖 |
| 微博 | 娱乐新闻、明星八卦、热搜为主 | IP 打造、晒单、互动、生活、感悟、金句、短视频脚本 |

表 3-2 可以看出，不同的平台，由于用户群体不一样，需要的文案风格就不一样。只有明确了产品项目宣发平台，我们才知道去写什么风格的文案。即便同为短视频平台，抖音、快手和视频号所需要的文案风格也不一样。抖音平台偏向于娱乐和展示；快手多以百姓生活题材为主；视频号更偏向于知识付费类的内容。了解了这些，才能确定短文案写作风格。

### ▶ 3.3.3　确定短文案的写作题材

知道了产品项目所处的销售阶段和宣发平台，就明确了短文案的类型和风格，最后还要确定短文案的写作题材。

这里以抖音短视频脚本文案来举例，可以写的题材有成长经历类脚本打造自己的人设；干货知识类、分享类脚本为用户提供价值；观点类脚本和用户产生共鸣；故事剧情及幽默搞笑类脚本为用户解压。当然有些商家还需要产品介绍类脚本直播带货。

　　写作题材与产品项目所处阶段、账号定位有密切的关系，动笔之前，只有把以上几点了解清楚了，才能写出符合要求的文案，从而减少改稿和返稿的次数，提高短文案写作的效率。

### ▶ 3.3.4　案例拆解

　　在实际运用中，如何把以上三步衔接起来，提高我们短文案写作的效率呢？这里，笔者以一个短视频脚本文案写作为例。

　　经过与客户沟通，笔者了解客户本身是做减肥指导的，积累了大量的减肥知识和经验，也有很多案例，他想开一个分享减肥知识的抖音账号用来引流客户并为后期直播做铺垫。笔者采用了上述三个步骤来确定短视频脚本文案的写作目的，如表 3-3 所示。

表 3-3　三步确定短文案写作目的

| 步 骤 分 解 | 账 号 分 析 | 内 容 方 向 |
| --- | --- | --- |
| 第一步：了解产品项目的所处阶段，确定短文案内容 | 新账号，处于启动阶段，需要打造人设，告诉别人自己的专业特长，使用户产生信任 | 可以通过个人成长故事，案例背书类的短视频，来塑造自己的价值 |
| 第二步：确定宣发平台，找到对应短文案风格 | 抖音平台以幽默搞笑、夸张的表达方式为主 | 短视频脚本的风格应该符合抖音需求，要有夸张、有反转、有细节 |
| 第三步：确定短文案的写作题材 | 根据客户的预期，账号未来主要用来引流客户和直播 | 客户的短视频脚本题材可以确定为：前期的故事＋后期的减肥干货知识 |

　　通过这样三个步骤，快速地确定了短文案写作的目的，就好像我们出行时知道了目的地，也选择好了交通工具，规划好最佳路线，那么接下来就是按照既定方案去执行了，只有这样才能保质保量地完成短文案，做到事半功倍。

本章小结

　　1. 短文案写作目的看起来很多很复杂，但总结起来主要就是品牌宣传和销售产品两种：品牌宣传是通过文案增强用户对产品的信任和记忆；销售产品是通过文案把产品销售出去。

2. 写短文案之前首先要明确文案写作的目的，这样才能避免出现文案写作中无从下手、内容跑题及错误领会需求方意图而返工等问题。

3. 确定短文案写作目的可以拆解为根据产品或项目所处的销售阶段确定短文案主要内容、根据宣发平台的特点找到对应的短文案风格、确定短文案的写作题材这三个步骤。

# 第4章

# 瞄准用户：找到真用户，爆文第一步

每个产品都有自己的目标用户，自己写的文案想要打动人，能够吸引目标用户，就要去了解产品的目标用户，做好用户画像。那么什么是用户画像？做用户画像对写文案有哪些作用？文案新手在做用户画像时容易出现什么错误又该如何应对？精准地做用户画像又包括哪些方法步骤呢？这一章，笔者将带大家了解这部分内容。

## 4.1 什么是用户画像

在文案写作或者产品宣传的时候，我们经常听到用户画像这个词语，可是究竟什么是用户画像，做用户画像对短文案的写作又有什么作用呢？

### ▶ 4.1.1 用户画像的定义

所谓用户画像，是指根据目标客户的社会属性、生活习惯和其他行为抽象出一个标签化的用户模型。

这个概念可能有点抽象，举个例子，有一家美容院推出了一个付9.9元购美容体验卡的活动，可以享受一次面部＋背部＋眼部的SPA体验套餐，这个套餐原价为1680元，卖9.9元体验卡是为了吸引客人到店，而后转化其他高价值服务。美容院安排5名销售人员出去宣传这个活动，同时卖卡。结果一天下来，业绩最好的销售人员卖出去28张，最差的才卖出去3张，为什么同样的产品，结果却差别这么大呢？

美容院邀请业绩最好的销售人员小张来分享自己卖卡的经验。小张告诉大家，他出去卖卡前，脑子里就对用户有了一个大致的轮廓，有去美容院消费想法的女性应该是30岁以上，看起来比较注重保养和形象，并且经济条件略好的女性。因此他推销卡的时候，就推销给这样的人，其他的年龄偏小的，或者看起来不怎么保养的女性，他就不去推销。因为人群精准，卖得就比较好，而小张说的30岁以上、看起来比较注重保养和形象、经济条件也不错的女性就是用户画像。

## ▶ 4.1.2 做用户画像对短文案写作的价值

卖产品需要做好用户画像，写短文案也要做好用户画像。

文案的本质是沟通，有了明确的用户画像，我们才会知道要和谁沟通，才会知道我们的短文案是写给谁看的，进而设计怎样去激发用户的兴趣和欲望。可以说，做用户画像对于短文案的创作是非常重要的，它的价值主要体现在三个方面，如图4-1所示。

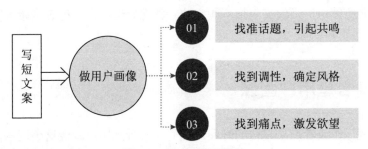

图 4-1　用户画像的价值

### 1. 找准话题，引起共鸣

短文案写作要做用户画像的第一个作用在于，可以通过用户画像找到用户关心的话题，便于文案内容引起用户的共鸣。俗话说，话不投机半句多，与人沟通，你首先得找到别人关心的话题，对方才愿意和你交流。

比如你和一位未婚女性去聊孩子多么调皮多么可爱，她是没有感觉的，也不愿意听，但是你和她聊美容护肤，讲服饰搭配，讲旅游，讲购物，讲娱乐八卦，那么她大概率是有兴趣的。再比如你对一位全职妈妈讲职场怎么钩心斗角，甲方如何难缠，领导怎么严厉，她是没有感觉的，但如果你同她讲婆媳关系，聊育儿护肤，话美食购物，也许你会发现你们有很多共同话题。

写短文案也是一样，当我们做了用户画像，知道了用户群体是什么样的人，就知道用户会对哪些话题感兴趣。写出的短文案也就更容易吸引用户注意，引起用户的共鸣。

这里介绍一个案例，一款国产奶粉商家要写小红书文案，经过对目标人群做用户画像后发现，买这款奶粉的人群主要是新手宝妈，她们时时刻刻关注着孩子，为了能让孩子健康快乐地成长，她们付出了很多努力，做了许多功课。这款奶粉的文案开头是这样写的：

> "以前听人说妈妈是全能的，不太相信，自己成为妈妈后才发现，为了这个小小的人儿，我们是心甘情愿地成为超人，先不说别的，光是孩子选奶粉这一件事就隐藏着很多的学问。
>
> 从前懂得少，以为大品牌进口的贵奶粉就是最好的，但是泡妈妈群久了，做功课多了才发现，选奶粉这件事真的不能跟风，奶粉买错了花钱是小事，孩子不爱喝营养跟不上，影响孩子的健康成长，才是让妈妈最痛苦的事！"

这样的文案开头，感觉像在和一个新手妈妈聊天，聊新手妈妈的不容易，聊对孩子的爱和关心，这种文案让用户觉得你很懂她，说出了她的心声，成功引起她的共鸣。她想看看你面对这种情况是如何解决的，即便读到后面，用户发现这是一篇软文广告，也不会觉得反感，也愿意支持你，这就是我们写短文案要做用户画像的第一个作用。

### 2. 找到调性，确定风格

写短文案要做用户画像的第二个作用在于，可以通过用户画像，找到短文案的调性，匹配用户喜欢的语言风格。关于短文案的调性，大家应该还记得我们在上一章中列举的"江小白"和"红星二锅头"的案例，同为白酒因为目标人群不一样，短文案的语言风格也不一样，这就是短文案的调性。

你的短文案风格是风趣幽默的，是一本正经的，是娓娓道来的，是逻辑严谨拥有大量数据和案例佐证的，还是文艺唯美的，这不能由你的个人喜好来决定，而是由目标用户决定的。受众群体为年轻女性的服装品牌，如图 4-2 所示，"欧时力"的短文案是这样的：

> "传统西装驳领，凸显裙装干练正式感，镶仿钻设计 D 字扣华丽加持，摆脱古板沉闷印象，让人眼前一亮，腰带配合暗扣随心束腰遮腹，诠释挺拔强大气场。"

# 职场OL

传统西装驳领，凸显裙装干练正式感，镶仿钻设计D
字扣华丽加持，摆脱古板沉闷印象，让人眼前一亮，
腰带配合暗扣随心束腰遮腹，诠释挺拔强大气场。

图 4-2 "欧时力"女装文案详情页图

这样的短文案，简洁干练，产品的特点以及用户的获得感清晰明白，直截了
当，很像一位办公室白领与人沟通的语言风格。

同为面向年轻女性的淘宝女装品牌"步履不停"，如图 4-3 所示，文案是这
样的：

"是背包四方流浪，还是留守格子小间。
是跋山涉水远足，还是 K 歌狂欢宿醉。
是文艺棉布长裙，还是狂热豹纹 BRA。
是 iPhone 4S，还是老奶奶做的棉鞋。
是升职加薪，还是炒老板鱿鱼。
是快乐，还是悲伤，有什么样的愿望，有什么样的人生。
圣诞快乐。有得选，是我们最好的礼物。"

这家叫作"步履不停"的淘宝店，主打文艺风，追求简洁舒适的着装体验，
每一段短文案都能捕获众多文艺少女的心。文艺之心人人都有，但文艺的生活
不是每个人都能有的，"步履不停"的目标就是让每一个女生轻松拥有文艺的生

活。这家小小的女装淘宝店就是靠着符合目标人群调性的短文案，实现年营收几千万元。

是背包四方流浪，还是留守格子小间。
是爬山涉水远足，还是 K 歌狂欢宿醉。
是文艺棉布长裙，还是狂热豹纹 BRA。
是 iPhone 4S，还是老奶奶做的棉鞋。
是升职加薪，还是炒老板鱿鱼。
是快乐，还是悲伤，
有什么样的愿望，有什么样的人生。
圣诞快乐。
有得选，是我们最好的礼物。

步履不停

图 4-3　"步履不停"女装广告文案图

写短文案之前做用户画像才能写出符合目标人群气质和特点的文字，才能写出用户喜欢的语言风格，才能打动用户，这是写短文案做用户画像的第二个作用。

### 3. 找到痛点，激发欲望

写短文案做用户画像的第三个作用在于，可以找到用户的痛点，激发用户想要改变的欲望。尤其当我们写短文案的目的是促进销售，这就要求我们去深入了解用户，知道用户的痛点在哪里，告诉用户这些痛点不解决，会带来哪些严重的后果，从而激发用户改变的欲望。

举个例子，小红书上有一款落地衣架，如图 4-4 所示，用户画像是一些在意自己形象、衣服换得很勤又不太会收拾整理的年轻人。针对这些用户，短文案就提出了痛点："你们家有没有这样的衣服'山'？洗你吧，你又没有多脏，放回衣柜吧，又污染了其他干净衣服，越堆越高，看着鬼火冒！"然后再用文案提出，"不到两百块的落地衣架，跟衣服'山'说再见。"

这样几句简短的语言，一下就激发了用户想要改变的欲望，这篇短文案收获点赞 4.7 万、收藏 3.9 万的佳绩。

图 4-4 "小红书"落地衣架图片

**做用户画像时常犯的两大错误**

很多人知道用户画像的重要性，也知道写文案之前需要做好用户画像，但是在具体执行过程中经常会犯一些错误，尤其是文案新手，在做用户画像的时候最容易犯图 4-5 所示的两大错误。

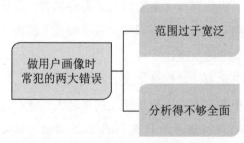

图 4-5 做用户画像常犯的两大错误

▶ **4.2.1 用户画像的范围过于宽泛**

新手在做用户画像的时候，有时范围过于宽泛，不够精准。比如，曾经有位商家要求笔者写一篇藜麦面膜的短文案，笔者问商家，这款面膜的用户画像是什么，商家的回答是："所有爱美、注重护肤、喜欢敷面膜的女性。"

爱美、注重护肤、喜欢敷面膜，这几项表面看起来是挺匹配的，但仔细分析就会发现，当我们想敷面膜时，其实是因为我们的皮肤有需要改善的问题，比如皮肤缺水了，需要补水；过敏了，需要抗敏；晒黑了，需要美白。每个人的肌肤问题是不一样的，并且，市面上大部分面膜，都是功效性的面膜，专注于解决某一种肌肤问题。

那么如果想写好这个藜麦面膜的文案，在做用户画像之前，就要对藜麦的功效有一定的了解。藜麦用于美容护肤，具有镇静肌肤、消除皮肤炎症的作用，因此这款藜麦面膜，其实可以帮助敏感肌肤的人群。也就是说那些肌肤泛红起皮，换季就过敏、晒后需要修复的人，才是这款面膜的精准目标人群。

任何一款产品的用户都有特定人群，没有什么产品是适合所有人的。在做用户画像时，如果范围过于宽泛，就无法找到真正的精准用户，文案创作就无法找到发力点。

### ▶ 4.2.2　用户画像分析得不够全面

在做用户画像时，新手常犯的第二个错误是用户画像分析得不够全面，也就是说只从产品的表面做了用户画像，没有进一步思考用户画像的延伸画像。

比如，一款老年人使用的按摩产品，它的需求者、使用者大部分是退休老人，50～60岁，有腰腿疼痛等症状。但在销售中你会发现，这个产品会有很多年轻人买来作为礼物送给老人，而好多老年人勤俭节约惯了，根本不舍得花钱买，因此这个产品的用户画像，是这群想要送礼、孝敬家里老人的年轻人，而不是我们从产品表面看到的老年人。

所以，我们在做用户画像时，不能只关注产品的使用者，而忽略了真正的购买者。只有精确地找到真正的用户，才能让文案创作像射击一样命中靶心。

### 4.3　做用户画像的两大原则

想要把文案写好，避免做用户画像时出现失误，就要遵循做用户画像的两大原则，如图 4-6 所示。

### ▶4.3.1 做用户画像要具体到人

我们现在写的短文案，大都针对各种电商和自媒体平台，从表面上看是对千万用户进行推销，但深入想一下，你就会发现：用户其实是一个人拿着手机、一个人挑选商品、一个人问客服、一个人最终下单。

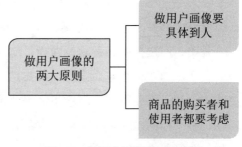

图 4-6　做用户画像的两大原则

如果，你面对的是一群陌生人，想要和他们沟通，你可能会感到毫无头绪，不知道自己在跟什么人说话，应该说些什么。但当你知道了他是谁，他现在多大年龄，他在做什么工作，喜欢读什么书，有什么兴趣爱好，他长什么样子，穿什么衣服，他心中的期望是什么，你的承诺能否满足他心中的渴望，甚至他就是你身边的某个人……这时候，你是不是就知道要跟他说什么——也就是你要写哪些文字给他。

比如，你现在要为一款通勤类风衣写短文案，那么你的用户画像就可以这样描述：“张小姐，**29** 岁，某公司策划主管，利落短发，体型偏瘦，米色真丝衬衫搭配天蓝色牛仔裤，黑色高跟鞋，有男友，喜欢读书爱好旅游，处在职场上升期，在意自己的形象，追求品质和小资情调生活，开车上班，努力攒钱买房子，喜欢买价位适中剪裁良好的衣服，求精不求多。”这样的用户画像一出来，你是不是就知道如何和她沟通，该写什么样的文案了呢。

### ▶4.3.2　商品的购买者和使用者都要考虑

做用户画像的第二个原则是既要考虑商品的使用者，又要考虑商品的购买者。比如，一些女装、护肤品之类，这些产品的购买者通常是女性，那么我们在做用户画像时，就只需要考虑如何写出能够打动她们的短文案就可以了。但如果你写的是婴幼儿童类相关产品的短文案，那么你的用户画像就不能是婴幼儿童，而应该是他们的父母，因为婴幼儿没有购买能力，最终购买产品的还是他们的父母。

举个例子，如果为一盏儿童台灯写短文案，那么你脑海中可能就会出现一个小男孩，7 岁左右，他可能要上学了，需要一款台灯辅助他的学习，保护他的视力。

但仔细思考一下，购买这个台灯的会是这个小男孩吗？其实不是。他的父母才是真正购买台灯的人。因此，写短文案做用户画像不仅要考虑产品的使用者是谁，还要考虑产品的购买者是谁，这样的用户画像才会是完整的、精确的。

## 4.4　如何精准做用户画像

知道了用户画像的重要性，也清楚了做用户画像的原则，那么如何精准地做用户画像呢？这个可以总结成三个步骤，如图 4-7 所示。本节笔者将结合一个产品案例，分析精准做用户画像的三个步骤。

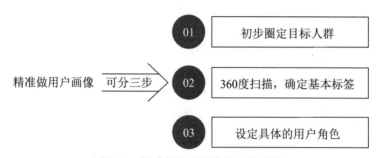

图 4-7　精准做用户画像的三个步骤

产品：某小众品牌海苔

产品特点：用头水紫菜做原料，营养丰富，可以补钙及各种微量元素；低温烘焙，不含油盐及任何添加剂，芝麻夹心，口感鲜香酥脆。

下面我们就以这款产品作为案例，通过三步来精准做用户画像。

### ▶ 4.4.1　初步圈定目标人群

做用户画像的第一步是根据经常购买产品的用户初步圈定目标人群。那我们怎么知道一款产品经常购买的用户是谁呢？可以通过百度指数来判断。比如这款海苔，在百度指数上输入"海苔"，就可以看到搜索海苔的人群基本属性信息，如图 4-8 所示。

从图 4-8 中可以分析出购买海苔的人大多数年龄是 20～39 岁，女性占比较高，再经过与商家沟通，可以初步圈出这款零食类海苔产品的两大目标消费人群：职场白领和宝妈。

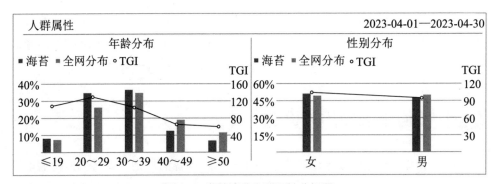

图 4-8　海苔消费人群属性分析图

### ▶ 4.4.2　360 度扫描，确定基本标签

做精准用户画像的第二步是对我们的目标用户进行 360 度扫描，也就是说可以找到一些已经购买了我们产品的用户对他们进行分析，找到共性也就是基本标签，如他们的年龄、性别、职业、爱好、习惯、经常出现的场合、使用的社交媒体、购物习惯、关注点等。在这里，可以通过表格的形式让这些基本标签更直观地呈现出来，如海苔产品目标用户 1 职场白领的基本标签如表 4-1 所示。

表 4-1　海苔产品目标用户 1 职场白领的基本标签

| 标　　签 | 描　　述 |
| --- | --- |
| 购买动机 | 自己食用 |
| 年龄 | 20 ～ 29 岁 |
| 性别 | 女 |
| 职业 | 职场白领 |
| 爱好和习惯 | 兴趣广泛，习惯网上购物 |
| 频繁出现的场合 | 家里、办公室、地铁、公交车、各种娱乐场所 |
| 使用的社交媒体 | 微信、公众号、小红书、微博、头条、各类短视频 App |
| 购物关注的问题 | 美味、品质、健康、安全、当下享受 |

通过表 4-1 可以清晰地看到，目标用户 1 一般会把海苔作为办公室或者平时追剧、看电影时候的零食；她们年龄集中在 20 ～ 29 岁；兴趣广泛，习惯网上购物；高频出现的场合主要是家里、办公室、地铁及各种娱乐场所；她们通常使用微信、公众号、小红书、微博、头条及各类短视频平台；她们购物关注的主要是美味、品质、健康、安全及当下享受。

上面我们提到这个海苔产品的主要目标人群有两种，那么我们的用户基本标签也应该有两种，海苔产品第二种目标消费人群宝妈的用户画像也可以列成表格，如表 4-2 所示。

表 4-2　海苔产品目标用户 2 基本标签

| 标　　签 | 描　　述 |
|---|---|
| 购买动机 | 作为孩子的零食 |
| 年龄 | 30 ～ 39 岁 |
| 性别 | 女 |
| 职业 | 全职妈妈、职场妈妈 |
| 爱好和习惯 | 美食、育儿、购物 |
| 频繁出现的场合 | 家里、超市、游乐场、公园 |
| 使用的社交媒体 | 微信、育儿类公众号、淘宝、各类短视频 App |
| 购物关注的问题 | 安全、品质、高性价比、孩子喜欢 |

目标用户 2 多数会把海苔作为孩子的零食；她们的年龄集中在 30 ～ 39 岁，受过良好的教育；平时喜欢研究美食、关注育儿相关的话题和知识，也喜欢购物；她们频繁出现的场合主要是家里、超市、游乐园、公园等；主要使用微信、育儿类公众号、淘宝及各类短视频 App；她们购物关注的主要是孩子是否喜欢，产品是否健康安全，同时也会关注产品性价比是否够高。

### ▶ 4.4.3　设定具体的用户角色

用户的基本标签我们找到了，但这些冷冰冰的标签读起来，好像和我们没有什么关系。这时候，我们可以进行用户画像的第三步，即根据用户的基本标签设立具体的用户角色。这个角色的描述会有她的名字，会有她每天的行程，会有她的性格特点等，就好像她是我们生活中的某一个人。目标用户详细角色描述如表 4-3 所示。

表 4-3　目标用户详细角色描述

| 目标人群 | 姓　　名 | 详细角色描述 |
|---|---|---|
| 目标用户 1 | 丁丁 | 28 岁，单身女性，某出口贸易公司部门主管。长直发，戴眼镜，平时上班穿深色职业套裙，业余时间休闲运动风。身材苗条，处于职场上升期，自律自爱，很在意自己的形象和身材。喜欢阅读、热爱运动，注重生活品质。乘坐地铁上下班，工作很忙，经常加班。办公室常备一些零食，但是只选择饱腹感强、热量低的高品质零食 |

续表

| 目标人群 | 姓　名 | 详细角色描述 |
|---|---|---|
| 目标用户1 | 丁丁 | 上下班路上会用蓝牙耳机听书听课，也喜欢看一些有趣的短视频，闲暇时喜欢和闺蜜逛街。每周去看一次电影，每个小长假都出去旅行，一周做三次饭。平时购物主要在小红书、唯品会及线下店，关注产品的品质。她认为，生活需要面包和安全感，也需要诗和远方。她坚信，一个人只有控制了自己的身材，才能掌控自己的人生 |
| 目标用户2 | 轩妈 | 33岁，曾是某地产公司设计师，生二胎后辞职成为全职妈妈，家里经济条件较好，平时喜欢研究各种美食，重视家人的饮食健康，每天给家人做早餐，给孩子做各种辅食。<br>孩子的衣食住行都亲自打理，每周带孩子去上早教课，平时会独自带孩子去公园或者游乐园，周末一家人去郊外享受亲子时光，小长假会带孩子去稍远的地方旅游，偶尔会在朋友圈晒娃。<br>非常重视孩子的教育，在几个妈妈群比较活跃，是某育儿类大V公众号的忠实粉丝，研究各类育儿知识，也喜欢通过这个公众号购物。对于给孩子购买零食这件事的态度是，既然孩子吃零食无法做到完全杜绝，那么就买健康营养、品质有保证的零食给孩子吃，哪怕价格高一点也能接受。<br>每天主要任务是照顾孩子和家庭，但是又不愿意放弃自己，趁孩子睡觉时会读书、看电影，浏览各种时尚杂志和视频，每周会抽出一下午的时间出去见朋友，放空自己，是小红书的重度用户。她坚信一个女人只有照顾好自己，才能照顾好家人，先爱自己才有能量去爱其他人 |

　　通过这样具体的描述，你是不是能联想到身边的某个人呢？这就是用户画像的角色设定，知道了这些，我们就知道了写短文案时应该把产品置入到哪些场景，我们又该如何与用户对话了。

## 本章小结

　　1.用户画像是根据目标客户的社会属性、生活习惯和其他行为抽象出一个标签化的用户模型。

　　2.对于短文案写作来说，做好用户画像具有：找准话题，引起共鸣；找到调性，确定风格；找到痛点，激发欲望这三个作用。

　　3.新手在做用户画像时，经常会犯用户画像的范围过于宽泛和用户画像分析得不够全面这两大错误。

4. 做好用户画像需要遵循两个原则，一个原则是做用户画像要具体到人，另一个原则是用户画像既要考虑产品的使用者又要考虑产品的购买者。

5. 做一个精准的用户画像包含三个步骤，即根据经常购买产品的用户初步圈定目标人群，对用户进行 360 度扫描、找到用户的基本标签，根据用户的基本标签设定具体的用户角色。

# 第 5 章
# 排兵布文：四步搭建法，成文有妙法

和长文案有清晰的结构一样，短文案虽然字数少，但也有一定的规律和结构。只有把握好短文案结构的组成元素，才能写出一篇合格的短文案。一篇合格的短文案应该包含标题、开头、内文、结尾四个组成部分，如图 5-1 所示。本章重点讲解短文案各个部分的写作技巧和方法。

短文案
组成元素 { 标题　开头　内文　结尾 }

图 5-1　短文案的组成元素

## 5.1　写短文案标题常用的四种方法

写短文案标题的技巧和方法很多，其中巧用数字做标题、使用金句做标题、把对用户的承诺做标题和使用问句做标题是最常见，也是最有效的方法。

### ▶ 5.1.1　在标题中巧用数字

写短文案标题的第一个技巧是在标题中巧用数字。为什么我们要在标题中加入数字呢？因为相较于描述性语言，数字更加明确，让人更容易理解和记忆。

图 5-2　短文案标题技巧

举个例子，如果你用"广受欢迎"来形容一篇文章的传播度，读者没什么概念，但如果你说"这篇文章的阅读量达到了 10W+"，是不是一下就清晰明白了呢？在文案标题中有意识地加入数字，在短文案写作中是最常见的。

比如，有一篇小红书笔记的封面文案标题，如图 5-3 所示，"摆脱 / 平庸，审美，这 8 个 App，让你出类拔萃"，看到这个封面，你是不是非常想点开看看是哪 8 个 App？

还有我们经常看到的："普通人崛起的 6 大狠招""7 天暴减 15 斤的绝密方法""女生爱问的 8 个问题，90% 的男生都不会回答"，这些吸引人的标题，里面都用到了数字，都成功吸引了人的注意力。

因此，写短文案标题的时候，可以首先考虑能否在标题里面加上数字，尤其是在说成绩、成果，分享经验、干货的时候最实用。当然，如果这些数字可以和金钱、方法、秘籍、套路、公式、秘密、身高、体重、资产等信息结合起来用，效果会更好。

用好这 8 个 App，摆脱审美平庸 让自己出类拔萃

2021-07-01　　♡ 5.9 万

图 5-3　小红书某一封面文案

### ▶ 5.1.2　使用金句做标题

写短文案标题常用的第二种技巧是使用金句。这是一个推崇金句的时代，受众每天接收的信息不计其数，而金句的本质是对文字信息进行包装，让它们变得更显眼，更容易被人接受和记忆。因此，在短文案的标题中加入金句，可以大大增加短文案的吸引力和记忆点。为了帮助理解，笔者在此举两个例子。

#### 1. 朋友圈文案中使用金句做标题

很多人写朋友圈文案并不习惯用标题，总觉得几句话就写完了，加个标题多此一举。可以设问一下，我们的用户每天拿着手机刷那么久的朋友圈，凭什么就愿意为我们的内容停留呢？一定是我们的某句话触动了他，如表 5-1 所示，这是笔者曾经撰写的一条朋友圈文案，标题中使用了金句"方向坚定的人，不会在意脚步的快慢"，读起来既让人印象深刻，又让人有所收获。

表 5-1　朋友圈标题案例

| 标　　题 | 内　　文 |
| --- | --- |
| 方向坚定的人，不会在意脚步的快慢 | 恭喜短文案赢利营依墨，经过默默蓄积力量后接到了小红书订单，赚到稿费，钱不多，但那是成就，更是成长！有坚定方向的人，就不会再在意自己走得快了或是慢了，人只要走稳了，道路两旁皆是风景 |

**2. 短视频文案中使用金句做标题**

我们再来看两条短视频标题的案例。作家李筱懿老师的视频号上有很多高赞视频，其中有两条点赞 10W+ 的短视频，标题都用到了金句，分别是"**自律不痛苦，假装自律才痛苦**"和"**爱自己是终生浪漫的开始**"。

不只是李筱懿老师，很多受欢迎的短视频都使用金句作为标题。如果在做完短视频的时候不知道如何写标题，也可以使用金句标题这个技巧。金句做标题适用于讲故事、打造个人品牌、晒单以及表明自己观点等题材的短文案。

> **温馨提示：平时我们看到好的金句都收藏起来，建立一个金句库，当我们写文案不会起标题的时候，可以去金句库找找灵感，借鉴参考一下，总结出自己的金句。**

## ▶ 5.1.3 在标题中植入对用户的承诺

写短文案标题的第三种常用技巧是在标题中植入对用户的承诺。在学习这个技巧之前，大家可以思考一下，为什么我们去看房子的时候，那些置业顾问都喜欢带我们去样板间，并且在样板间里面不断地营造场景，比如，你可以在这里看书、在这里放孩子的玩具等，似乎那就是你的房子。

其实这是一种营销技巧，置业顾问给你一种承诺，让你想象着那就是自己家，让你心动，然后付款。现在许多电商平台，比如卖女装的，商家总是请一些漂亮的模特穿着自己的服装拍出来很多好看的照片，你看了那些照片，就会想象自己穿了图片上的衣服和模特一样漂亮，这也是商家给你的一种承诺。

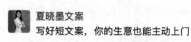

夏晓墨文案
写好短文案，你的生意也能主动上门

今天给短文案变现群写的文案模版，我们卖茶叶的小伙伴发出去吸引到两名高端客户：一名律师一名警察！

想要在朋友圈里优雅成交，不是靠刷屏，不是靠优惠，而是靠文案和持续的个人品牌打造！

在写短文案标题的时候，可以运用这种技巧，给用户承诺，告诉用户只要做了什么，就可以获得什么，给人一种美好的想象。下面列举一些运用这种技巧的案例。

**1. 朋友圈文案标题中植入对用户的承诺**

在写朋友圈文案标题的时候，这个技巧经常被用到，如图 5-4 所示是笔者曾经写

图 5-4　朋友圈标题使用对用户的承诺

的一条朋友圈文案，这个朋友圈短文案的标题，"写好短文案，你的生意也能主动上门"，即采用了对用户承诺的技巧。

### 2. 小红书笔记标题中植入对用户的承诺

在标题中植入对用户的承诺，这个技巧也可以用于小红书笔记的标题，如图 5-5 所示，一位穿搭博主发布的一条高赞小红书笔记，标题是："**3 个错觉原理，让你'随便一穿'很美又高级**"，这里就用到了在标题中植入对用户承诺的技巧。

### 3. 短视频标题中植入对用户的承诺

在标题中植入对用户的承诺也适用于短视频文案，如图 5-6 所示，这是樊登老师的一条高赞短视频，标题就使用了对用户的承诺："**用这个方法坚持一周，孩子会越来越优秀**"。

图 5-5　小红书标题使用对用户的承诺

图 5-6　短视频标题使用对用户的承诺

因此，我们在写短文案标题的时候，可以考虑一下，自己的产品或者项目能给用户带来什么样的效果，能让用户收获什么，能为用户带来哪些改变，把这些效果、收获或者改变，用承诺的方式写进标题里，一定能吸引目标用户的关注。

> 温馨提示：在标题中植入对用户的承诺也可以总结成两大句式：句式1，××××，你也可以××××；句式2，××××，让你（家人）××××。

## ▶ 5.1.4  使用问句做标题

第四个写标题常用的技巧是使用问句。人天生就对万事万物充满好奇，使用问句做标题，能够拉近文案和用户之间的距离，激发用户的好奇，也能吸引用户继续阅读下面的内容，去寻找问题的答案。下面是几则案例。

**1. 小红书笔记使用问句做标题**

在小红书上有位美妆博主，她写的一篇小红书笔记点赞非常高，如图5-7所示。她的封面标题是："预算300能买啥？"就这样简简单单几个字，使用了问句，让人看到之后不禁产生好奇，300元究竟能买啥呢？

**2. 短视频文案使用问句做标题**

在短视频中使用问句做标题的案例非常多，尤其是技巧类的，如图5-8所示，短视频的封面标题"乡间小路怎么拍"。

图 5-7  小红书封面标题使用问句做标题          图 5-8  短视频文案使用问句做标题

类似的还有我们经常见到的"茶杯怎么拍？""下雨天怎么拍？""怎么用手机拍大片？"这些标题都使用了疑问句。如果写短文案实在想不出来标题，可以把标题写成一个问句。

> **温馨提示：疑问句标题的句式，是在标题里面加上疑问词，××××如何 / 怎么 / 为什么 / 为啥 ××××。**

## 5.2　三种常用的短文案开头法

如果说标题决定了用户是否能注意到文案的内容，那么文案的开头就决定了用户是否愿意留下来、继续读下去。那么短文案的开头怎么写呢？这里笔者给大家分享常用的三种写法，如图 5-9 所示，它们分别是痛点开头法、单刀直入法和营造对话感。

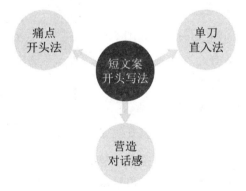

图 5-9　短文案开头的三种写法

### ▶ 5.2.1　痛点开头法

常见的短文案开头法第一种是痛点开头法，即找出让用户感觉痛苦、不解决就很难受的那个点作为开头。这就要求我们在写短文案的时候，首先要看看产品是否具有解决用户某些需求的点，如果有的话，那么就可以用这种写法开头。具体如何使用，这里我们以一个短视频文案的开头举例。

抖音上有一条高赞短视频，开头是这样的："你穿衬衫只会把扣子全扣起来吗？这样可不行，今天来教你衬衫的花样扣法。"此处就是以用户痛点作为开头，然后给出解决方案，如果去抖音上浏览就会发现，大部分技能类的短视频文案开头都运用了这个写作技巧。

痛点型开头法比较适用于功能型、省事型、技能型、改善型的产品和项目，如果未来遇见这样的产品和项目，短文案就可以用痛点开头法。

### ▶ 5.2.2　单刀直入法

第二种写短文案开头的方法是单刀直入法。所谓单刀直入法是指不绕弯、不铺垫，直接在开头说出你的目的，直接进入主题。在信息爆炸的时代，人越来越没有耐心，单刀直入的开头能够为用户节省时间成本，感兴趣就留下，不感兴趣就划走，这样也能更精准地筛选到目标人群。我们来看几个小红书笔记单刀直入法开头的案例。

有一个服装店小红书笔记的开头如图 5-10 所示："**姐妹们快过来看啊，这就是你们一直在找的宝藏女装店铺，款式超多超好看，设计感满满……**"就是直接介绍这个店铺。

还有一个旅游博主的小红书笔记开头是这样写的："**去北海来一场夏末海边之旅，给大家整理了最全的吃喝玩乐一条龙，闭眼收藏**"，接着就开始介绍关于北海旅游的干货知识。这种单刀直入的开头方法，很多小红书

图 5-10　小红书单刀直入法开头文案

和直播脚本文案都在使用，因为它直截了当地告诉大家重点内容，非常适合给别人推荐、介绍一款产品或某个指定对象。

### ▶ 5.2.3　营造对话感

常用的短文案开头写法第三种是营造对话感，把用户当作站在你面前的一位朋友，和他对话，这样会给用户一种亲切感。为什么很多人喜欢在直播平台上买东西，

因为主播在和他们互动，和他们对话。现在的自媒体平台为了拉近和用户的关系，开始采用这对话感的短文案与用户沟通，下面通过几个案例来详细介绍这种方法。

**1. 营造对话感写海报文案**

如图 5-11 所示，这两张海报，第一张是一款扫地机器人的销售海报，文案是**"忙你的吧，家务交给它"**，这是不是很像家人之间的对话，温暖体贴；第二张煎蛋器的海报短文案**"早上好！来份爱心早餐"**，好像是在一家温暖的早餐店，卖早餐的小哥哥对我们说的话，看到这句话，瞬间让人觉得心情非常好。这两篇海报文案都营造了一种对话的感觉。

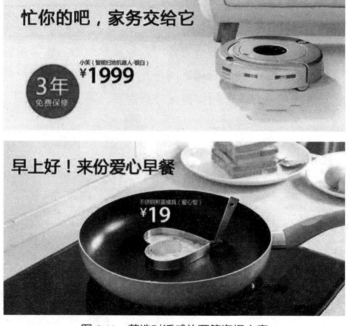

图 5-11　营造对话感的两篇海报文案

**2. 短视频脚本营造对话感开头**

很多短视频文案也会采用营造对话感的开头这个办法，比如，小红书上有一条卖服装的短视频，开头是这样的：**"别疑惑你网购买的衣服为什么那么丑了，看看自己的搜索框，不是女衬衫就是女 T 恤，你真以为加个女，衣服就好看了吗？"** 这个开头，看起来就像一个闺蜜在和你对话，在恨铁不成钢地责怪你，亲切又温暖，你会跟着文字继续往下看，文案开头便成功地吸引了用户。

这种对话式的开头写法，很容易拉近文案（实则为产品）与用户的关系，引起用户的兴趣，因此它的使用范围也非常广，知识付费类、短视频、海报等文案都可以用。

## 5.3 短文案内文的两种基础写法

掌握了短文案标题和开头的写法，下面介绍短文案内文的写法。其实写短文案内文的方法也有很多，这里笔者主要分享两种通用的，适合大部分短文案内文的写作方法：并列法和递进法。

### ▶ 5.3.1 并列法

所谓并列法，就是指你要写的内容之间关系是并列的，也就是说当你要写的内容都是用来证明你的结论的，它们之间不分主次和先后，是一种并列关系的时候，就可以运用并列写法，下面用案例来分析讲解。

1. 小红书笔记内文使用并列法

比如小红书上某款眉笔的图文笔记，开头提出了一个结论："这小众国货眉笔，虽然小众，但真的挺好用的"，那么如何证明这个结论呢？内文从三个方面去论证，如图 5-12 所示。

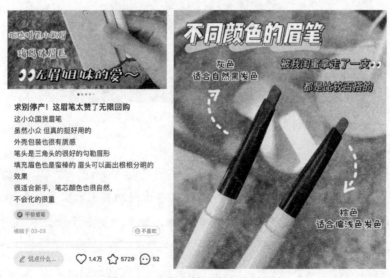

图 5-12　小红书笔记内文并列写法

这一段文案主要是从眉笔的包装、使用感受、填色效果这三个优势来描述，从而证明开头的观点，这三个优势之间是并列的关系，前后顺序是可以颠倒的。

### 2. 短视频脚本内文使用并列法

笔者曾经制作过一条短视频，完整的短视频脚本如表 5-2 所示。

表 5-2　短视频脚本内文并列法案例

| 文案结构的构成部分 | 内　　容 | 解　　析 |
| --- | --- | --- |
| 开头 | 不会写文案？去这四个网站看看 | 开头提出疑问 |
| 内文 | 数英网：知名品牌案例拆解、年度优秀文案合集、各路大神文案干货，让你鉴赏力和文案水平直线提升 | 并列内文第一项数英网 |
| | 花瓣网：各种物料设计和图片素材都很棒，文案幽默风趣，适合朋友圈海报、电商文案 | 并列内文第二项花瓣网 |
| | 顶尖文案：汇集了全球范围内最优秀的创意资讯，给你提供文案创作灵感 | 并列内文第三项顶尖文案 |
| | 梅花网：每天几分钟，行业资讯、优秀案例、营销趋势全掌握，让你创作文案时更具营销思维 | 并列内文第四项梅花网 |

从这则文案中可以看到，内文部分使用了并列法，列举了数英网、花瓣网、顶尖文案、梅花网这四个学习写文案的网站，而这几个网站不分主次、先后顺序是可以打乱的，即使打乱顺序也不会影响阅读效果。

### ▶ 5.3.2　递进法

除了并列的关系之外，有些文案的内容之间，会按一定顺序推进，后面的内容比前面的内容更重要、更深、更难，形成一种层层递进的关系。这时候，我们就需要用递进法的方式布局内文，这里笔者拆解两个案例来说明。

夏晓墨文案
📖 如何通过读书来提炼短视频文案？
第一步：摘出书中触动你的观点
第二步：用自己的话解释这个观点
第三步：在书中找出这个观点相关的案例，延伸到自己和观点相似的案例
第四步：延伸这个观点的意义和金句或行动与观众共情

### 1. 用递进法写朋友圈文案

用递进法写朋友圈文案，是比较常见的一种方法，比如笔者曾经写过一条朋友圈文案，如图 5-13 所示。

图 5-13　用递进法写朋友圈文案

标题：如何通过读书来提炼短视频文案？

内文：第一步，摘出书中触动你的观点；第二步，用自己的话解释这个观点；第三步，在书中找出这个观点相关的案例，延伸到自己和观点相似的案例；第四步，延伸这个观点的意义和金句或行动与观众共情。

这四个步骤，是一步接一步、循序渐进的，这就是运用递进法写内文。

**2. 用递进法写短视频脚本**

短视频脚本也可以使用递进法来撰写，如表 5-3 所示，李筱懿老师的一篇短视频脚本，内文部分就用到了递进法。

表 5-3　短视频脚本内文递进法案例

| 文案结构的构成部分 | 内　　容 | 解　　析 |
|---|---|---|
| 开头 | 读者问我，有没有快速提高学习效率的方法？我用了多年的费曼学习法特别好，它在 1965 年由诺贝尔奖获得者理查德·费曼提出，只要简单四步就能翻倍提高学习效率 | 提出问题并给出解决方案 |
| 内文 | 第一步，明确目标，确定你要学什么做什么 | 第一步：明确目标 |
| | 第二步，模拟教学，我们授一堂课是把自己最近学到的知识再输出，也就是把我们学到的东西教给别人，并且让别人也深刻地记住了，这就是费曼学习法的精髓 | 第二步：模拟教学 |
| | 第三步，回顾和复盘，在给别人讲解的过程中，针对自己卡壳和别人没有听懂的部分进行整理和优化 | 第三步：收集反馈 |
| | 第四步，查缺补漏，用最简单的语言总结你学到的知识，简单才好，之后才能做 | 第四步：简化 |

这篇短视频脚本分享了费曼学习法的学习步骤，就是按照明确目标、模拟教学、收集反馈、简化这四个步骤循序渐进地来安排内文的。

## 5.4　短文案巧妙结尾的两种方法

完成了标题、开头、内文就该写短文案的结尾了。说到结尾，虽然它的篇幅不长，但在短文案的结构里，地位却不容小觑，它是文章的重要组成部分。一个好的文案结尾，能够起到画龙点睛，给用户留下更深刻的印象、让用户产生行动的作用。写文案常用的结尾方式有哪些呢？笔者分享两种常用的短文案结尾方法，分别是金句感悟结尾法和引导下单结尾法。

### ▶ 5.4.1　金句感悟结尾法

在本章学习写标题的部分，我们就说过这是一个崇尚金句的时代，金句放在标题中可以吸引人阅读，金句放在结尾则可以起到文案升华的作用，也能给人留下深刻的印象。那么金句感悟结尾法怎么运用呢？下面来拆解案例分析说明。

#### 1. 朋友圈文案用金句感悟结尾

笔者曾经写过一个生活类的朋友圈文案，如图 5-14 所示。

在这条朋友圈文案的结尾"**为什么我们喜欢在这个薄情的世界里深情地生活，我想大概是有人记得，有人同频，有人怀念！**"就运用了金句，读起来让人感觉意犹未尽，令人印象深刻。

夏晓墨文案

❤你有没有在某一刻感觉很幸福？

昨天某个瞬间突然很想念百合的清香，在网上找了张图片，记录了那一瞬间的感觉！

结果有好友发来了她家小院正在怒放的百合照片，邀请我去看花，另一位好友说她也想念，那一刻觉得自己很幸福！

为什么我们喜欢在这个薄情的世界里深情地生活，我想大概是有人记得，有人同频，有人怀念！

图 5-14　金句结尾朋友圈文案

#### 2. 短视频脚本用金句感悟结尾

李筱懿老师有一条高赞短视频，讲述的是一件自己吃饭时经历的事，最后结尾"**其实传递善意的背后，更是成就自己。**"也是运用了金句感悟来结尾。

某位博主有一条讲述远嫁故事的高赞短视频，文案的结尾是这样写的："**远嫁是一场豪赌，愿您的心上人，不忍心让你输。**"，也是用了金句感悟来结尾，既暖心又扎心，给人的印象非常深刻。

金句感悟类的结尾通常用于塑造品牌形象的短文案，用来升华和总结。

### ▶ 5.4.2　引导下单结尾法

销售产品短文案最常用的结尾方法就是引导下单，目的是告诉用户购买你的产品、项目，或者关注你、给你点赞等，这里继续用案例来带大家加深理解。

### 1. 小红书文案运用引导下单结尾

小红书上某款香膏的结尾："温柔小仙女不可以错过这一支香膏哦！"就是引导顾客下单。碍于小红书平台的相关规定，文案的广告意图不能过于明显，因此结尾只做简单引导。电商销售海报和朋友圈文案引导下单的表述通常会更直接。

### 2. 电商海报运用引导下单结尾

引导下单是电商海报结尾最常用的方法，并且大部分海报都有原价、现价、限时特惠等信息，运用让用户感觉占便宜的心理来结尾。图 5-15 所示是新书上市海报，限时 5 折的优惠再加上扫码抢购的二维码，就是运用了引导下单的方法。

图 5-15　书籍销售海报

## 5.5　短文案写作过程全拆解

为了让大家更好地理解短文案创作方法，下面就一篇短视频脚本的写作全过程，笔者给大家拆解如何通过写作前的准备及运用标题、开头、内文、结尾四个部分来为一篇短文案排兵布阵。

### ▶5.5.1　动笔之前做好准备工作

回顾前面章节讲过的内容，写短文案之前要明确写作目的，做好用户画像。经过调研分析，笔者梳理出这条短视频是通过分享参加书吧插花活动后的感受，来帮助书吧吸引用户参加线下活动，同时也借此来塑造笔者个人品牌形象。

通过用户画像分析，这家书吧平时的顾客多为周边的一些中年女性，尤其是妈妈群体，平时忙于工作和照顾家庭，周末带孩子来这里看书，培养孩子的阅读习惯，自己偶尔也会坐下来读读书。做好了这些准备工作，才能开始写作。

### ▶5.5.2　按照结构的四个部分排兵布阵

当时写这个短视频脚本的时候，笔者就是按照组成结构的四个部分写的，如表 5-4 所示。

表 5-4　书吧活动短视频脚本案例

| 组成结构的四个部分 | 内　容 | 技 巧 方 法 |
|---|---|---|
| 标题 | 初定标题：为什么要参加线下活动？<br>后来改为金句：内心不种满鲜花，就会长满杂草 | 运用问句 |
| 开头 | 前几天，在渔书吧的芬空间参加了一次插花制作体验沙龙 | 单刀直入法 |
| 内文 | 插花老师茉莉带着我们认识了每朵花的名字、特点；也教会了我们插花的步骤和原则。参加插花活动的女性有职场精英，有全职妈妈，有公司老板，也有自由创业者，但是那一刻，我们都放下了身份和忙碌，只专注于眼前的一花一叶，享受着当下的宁静和喜悦 | 内文部分用并列法写出了活动中的三个收获 |
| 结尾 | 愿每位女性既能低头走路，也能抬头看天；既有能量好好地呵护家人，也有时间用心地爱自己。空出时间，读一本好书，喝一杯好茶，或者参加一次有意义的活动，因为人的内心不种满鲜花，就会长满杂草 | 结尾金句总结升华 |

**1. 根据文案方向拟定标题**

根据活动内容，笔者初步拟定一个标题："为什么要参加线下活动？"这个标题运用了短文案写作中使用问句做标题的方法，初定标题只是一个大致的方向，写完整篇文案可以再返回来重新修改标题。

**2. 根据文案内容选择开头方式**

由于这是一篇通过讲故事来塑造品牌的短视频文案，因此笔者采用单刀直入的开头方法"前几天，在渔书吧的芬空间参加了一次插花制作体验沙龙……"，承上启下地进入内文铺陈中。

**3. 选择并列结构写内文**

这篇短视频文案要讲的几个收获，其实是并列的关系，没有先后主次之分，因此内文我选择了并列的结构形式。比如这篇脚本的中间部分是这样的："插花老师茉莉带着我们认识了每朵花的名字、特点"，这是收获一；"也教会了我们插花的步骤和原则"，这是收获二；"参加插花活动的……但是那一刻，我们都放下了身份和忙碌，只专注于眼前的一花一叶，享受着当下的宁静和喜悦"，这是收获三。

**4. 选择金句结尾**

文案的结尾部分应该是铿锵有力的，具有号召性的，激励读者，给读者（用户）留下深刻的印象。前面也提到，短视频文案最常用的就是金句结尾，笔者在写这个短视频结尾的时候就使用了金句："愿每位女性既能低头走路，也能抬头看天；既有能量好好地呵护家人，也有时间用心地爱自己。空出时间，读一本好书，喝一杯好茶，或者参加一次有意义的活动，因为人的内心不种满鲜花，就会长满杂草！"

进行一个简单的总结，然后用金句"人的内心不种满鲜花，就会长满杂草"来收尾，作为整篇文案的点睛之笔。同时，笔者也把这句话改为了标题。

这就是我们平常创作一个短文案的写作过程，根据标题—开头—内文—结尾的结构，四步写下来，就可以完整地写出一篇短文案。

## 本章小结

1. 写短文案标题常用的方法：在标题中巧用数字、使用金句做标题、在标题中植入对用户的承诺、使用问句做标题。

2. 写短文案开头常用的方法：痛点开头法、单刀直入法、营造对话感。

3. 写短文案内文常用的方法：并列法、递进法。

4. 写短文案结尾常用的方法：金句感悟结尾法、引导下单结尾法。

# 第 6 章
# 文案修改：打磨多角度，转化高分数

上一章我们了解了组成短文案结构的四个部分，以及如何用这四个部分来搭建一篇短文案的框架，完整地写出一篇短文案。但是，能写出短文案并不代表写出来的短文案就一定是一篇好文案，真正的好文案都是经过一次一次修改打磨而成的。这一章我们主要来了解如何检测一篇文案是否为好文案，以及如何通过逻辑修改和可读性修改，把一篇 60 分的文案提升到 90 分。

## 6.1 判断一篇好文案的四个维度

要想打磨出一篇好的短文案，首先要清楚什么是好文案。可能很多人会说，判断一篇文案好不好，要看这篇文案是否能卖货，这确实是一个标准，但并不是唯一的标准。一篇好的文案应该有明确的目的、清晰的逻辑，能够吸引用户阅读下去，还要能够说服用户，改变用户的心智、促使用户产生购买行动。因此，判断一篇文案是不是好文案，我们可以从图 6-1 所示的 4 个角度进行检测。

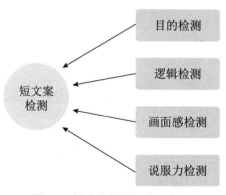

图 6-1　短文案检测标准示意图

### ▶ 6.1.1　目的检测

第一个角度是目的检测，思考这篇短文案目的在于销售产品还是品牌宣传，创作出来的短文案与写作初衷一致吗？好的短文案应该目的明确，用户读完之后就能感知这篇短文案是想要宣传品牌还是销售产品。关于短文案的写作目的，前文第 3 章已经进行了详细的讲解，本章不再赘述。

### ▶ 6.1.2　逻辑检测

第二个角度是逻辑检测，你的短文案有清晰的逻辑吗？用户看完后，知道这篇短文案要表达的观点是什么吗？你是通过什么样的案例或者数据去证明这个观点的呢？这些都属于逻辑检测。好的短文案一定是逻辑清晰的，它会像导航一样一步一步地用文字引导用户走向目的地。

### ▶ 6.1.3　画面感检测

第三个角度则是画面感检测，你的文案有画面感吗？用户读你的文案时是否有一种身临其境的感觉，是否有代入感，不用思考就能被你描述的场景所吸引？用户能否想象出使用你推荐的产品时的情景？具有画面感的文字描述，才能让读者阅读文案时想象到产品，才能激发读者的购买欲望。

### ▶ 6.1.4　说服力检测

第四个角度是说服力检测，文案的目标是通过文字表述去说服、影响用户，让用户对产品从陌生到熟悉，从不认可到认可，从无欲无求到想要强烈拥有，从无动于衷到开始心动甚至行动，有说服力的好文案能促使用户直接下单。

## 6.2　三个技巧，把一篇短文案从 60 分提升到 90 分

在上一节我们已经提出一篇好的文案应该写作目的明确、逻辑清晰、具有很强的画面感，并且能够说服用户发生购买行为。在这四个检测角度中，明确文案的目的是动笔之前就要做的准备工作，这一节我们主要来学习文案初稿完成后，如何通过修改逻辑结构，增强文案的画面感及说服力，把一篇 60 分的文案提升到 90 分。

## ▶6.2.1　提升短文案的逻辑结构

逻辑是否清晰是判断一篇短文案成功与否的标准之一。对于短文案来说，有清晰的逻辑结构非常重要，但是很多人写出来的短文案没有逻辑可言。这一小节主要介绍短文案具有逻辑性的重要性，以及如何使短文案具有逻辑性的方法。

### 1. 短文案清晰的逻辑结构起到提纲挈领的作用

如果把一篇短文案比作一棵树，那短文案的写作目的就是整个树的根，而逻辑结构就是树的主干，框架是枝干，内容是树叶。当主干不直的时候，树的枝叶也会长歪；而当主干长得笔直，树的枝叶也可以长得笔直，就算枝叶略有倾斜，只要修修剪剪，也会成长为一棵笔直的大树。可以说，短文案的逻辑结构对整篇文案来说起着提纲挈领的作用，是非常重要的，因此我们在写一篇短文案的时候，首先要保证逻辑结构的清晰。

### 2. 用结论先行法修改短文案逻辑结构

一篇逻辑清晰的短文案里面一定有一个清晰的结论，以及用来证明结论的案例、数据、事实等。想要一篇短文案的逻辑清晰，最简单的技巧就是让结论先行，也就是写作的时候，把结论写在最前面，把理由写在结论的后面，用来证明结论，这里结合案例操作进行分析。

（1）海报文案运用结论先行法

结论先行的原则，在写海报文案尤其是各类电商详情页的时候，用得非常多。如图 6-2 所示，这是一款便携式榨汁机的宣传海报，目的是销售产品，海报的结论是"身材娇小轻盈，装包即走 Let's Go!"。支撑这个结论的理由是"容量小，只有 300ml；重量轻，只有 300g"。这样的写法读起来逻辑清晰。我们在梳理短文案逻辑的时候就可以用这样的方法。

图 6-2　便携式榨汁机海报

（2）朋友圈文案运用结论先行法

结论先行不仅可以用在电商详情页和海报文案中，也可以用在朋友圈文案中，比如，有一篇卖鲜花饼的朋友圈文案是这样写的：**"好评满满的人气鲜花饼，颜值爆棚的小姐姐们都超爱，出去吃饭遇到个客人都抓着我，高度评价我的鲜花饼超好吃，鲜花饼还有最后两盒，欲购从速！"**

这条文案的结论是"好评满满的人气鲜花饼，颜值爆棚的小姐姐们都超爱"，为了证明这个结论，用到了鲜花饼受欢迎、评价高、畅销三个理由。

## ▶ 6.2.2 两种方法提升短文案的画面感

为什么同一款产品，有些人写出来的文案干巴巴的，激不起人阅读的欲望，而有一些人写出来的文案，让人读了之后有一种身临其境的感觉呢？这就是有无画面感的区别。文字抽象而画面具象，这就是喜爱电影、短视频的人越来越多，而阅读长篇文章的人却越来越少的原因。因为长篇文字需要在脑海里转化成有画面感的东西再去理解，但是视频直接就呈现出了画面。可以说文案表达得越生动，画面感越强，读者越省力，文案和读者之间的隔阂就越小，读者对文案的接受度就越高。如果想把一篇平平无奇的文案修改得更有画面感，可以用图 6-3 所示的两种方法。

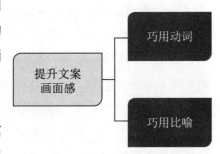

图 6-3　提升短文案画面感的方法

### 1.巧用动词，提升短文案的画面感

当我们进行文案创作时，使用不同词汇带来的画面感是不一样的，一般来说，带来画面感的效果，动词＞名词＞形容词＞副词，当我们写文案的时候，多用动词可以提升文案的画面感。这里笔者通过两个案例带大家了解如何使用动词提升短文案的画面感。

（1）某洁面仪海报文案

如图 6-4 所示，这是一款洁面仪的海报文案，市面上大部分文案写的都是"智能焕肤，洁面小旋风"之类，但是公众号"一条"在推荐这款洁面仪的时候用的文案是**"一分钟，把毛孔里的脏东西震出来"**，一个"震"字仿佛让用户感受到毛孔里面的脏东西在一点点地抖搂出来，文案很有画面感，很吸引人，让人很想立刻拿洁面仪来"震出脏东西"。

（2）全联超市海报文案

第二个案例是全联超市的海报文案，这家超市是中国台湾省的一家知名超市，提倡经济实惠的消费观。它曾经有一则海报如图 6-5 所示，文案写的是"**来全联之后我的猪猪长得特别快**"，这里的猪猪是指储蓄罐，一个"长"字，让你似乎能看到储蓄罐里面的钱在一点点增多，画面感极强。如果你写成来全联之后，猪猪里的钱越来越多，是不是就没有这种画面感，也不够有趣了呢？

图 6-4　某洁面仪文案

图 6-5　全联超市文案

**2. 巧用比喻，提升文案的画面感**

除了使用动词外，在文案中巧用比喻，同样可以提升文案的画面感。比喻可以把抽象的事物变得具体，让复杂的事物更简单直白。那么在写文案时如何使用比喻提升短文案的画面感呢？重要的就是找好本体和喻体，以及找好本体和喻体之间的连接点及角度，这里笔者结合案例分享通过外在形象找喻体和通过功效及精神内核找喻体的写法。

（1）通过外在形象找喻体

所谓外在形象比喻就是指从产品的颜色、形状、大小、气味上分析，找到一个让人印象深刻的容易记忆的事物进行比喻。如表 6-1 所示，这是我们都熟知的一些大品牌的护肤品，如果说表左列的产品原名，可能没有几个人能记住，但是说起表右列的喻名"蓝胖子""小灯泡""红腰子"等就更好记忆，这就是运用了比喻的修辞手法，通过外在形象把抽象的不容易记忆的名词，比喻成形象的、大家熟知的事物，既增加了画面感，又降低了沟通和记忆的成本。

表 6-1　大品牌护肤品原名及喻名

| 原　　名 | 喻　　名 |
| --- | --- |
| 资生堂防护乳隔离防晒 | 蓝胖子 |
| SK2 肌因光蕴环采钻白精华露 | 小灯泡 |
| 资生堂红妍肌活精华露 | 红腰子 |

（2）通过功效及精神内核找喻体

如果产品外在物理属性上没有合适的比喻，那么可以从产品的功效及精神内核去寻找喻体。举个例子，去皮肤黑头产品的广告普通的文案是"让毛孔里的黑头一扫而光"，而小红书的文案如图 6-6 所示，**"赶走毛孔里的千年钉子户"**，把顽固的黑头比喻成钉子户，并且还运用了动词"赶"，形象有趣，提升了文案的画面感。

图 6-6　小红书去黑头文案

### ▶6.2.3　使用对比法增强文案的说服力

无论是改变用户心智还是督促用户下单购买，都要用文案去说服用户，促使用户发生购买行为。在说服用户行动中，对比手法是最常用的一种方法。所谓对比法，是指把两种事物或同一事物的两个方面加以比较，使其中的一个显得更好。运用对比的手法写文案的时候可以从图 6-7 所示的几个方面进行比较。本小节笔者结合相关案例，拆解如何使用对比法增强文案的说服力。

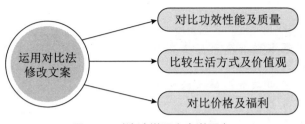

图 6-7 对比法增强文案说服力

### 1. 对比功效性能及质量

使用对比手法增强文案说服力，最简单的就是对产品功能及质量进行比较，现在很多电商产品在直播带货的时候最常用这种方式。找几个竞品进行比较，才能突出自己产品的优势。如图 6-8 所示玻璃杯的文案，就是运用对比法从质量方面对产品进行宣传。首先是主标题"别把劣质吃到家人的胃里"，然后用一段文字说出产品的特点，最后用一张同类产品的技术对比图，清晰地让读者感受到高硼硅杯体和普通钙化玻璃杯的区别。

### 2. 比较生活方式及价值观

写文案还可以从生活方式及价值观等视角进行对比，也就是对某件事、某种生活的看法进行对比。图 6-9 是我们前面提到过的淘宝店"步履不停"的详情页文案。

图 6-8 运用对比法的玻璃杯文案

"你写 PPT 时，阿拉斯加的鳕鱼正跃出水面，

你看报表时，梅里雪山的金丝猴刚好爬上树尖。

你挤进地铁时，西藏的山鹰盘旋云端，

你在会议中吵架时，尼泊尔的背包客端起酒杯坐在火堆旁。

有一些高跟鞋走不到的路，有一些喷着香水闻不到的空气，有一些在写字楼里永远遇不到的人。"

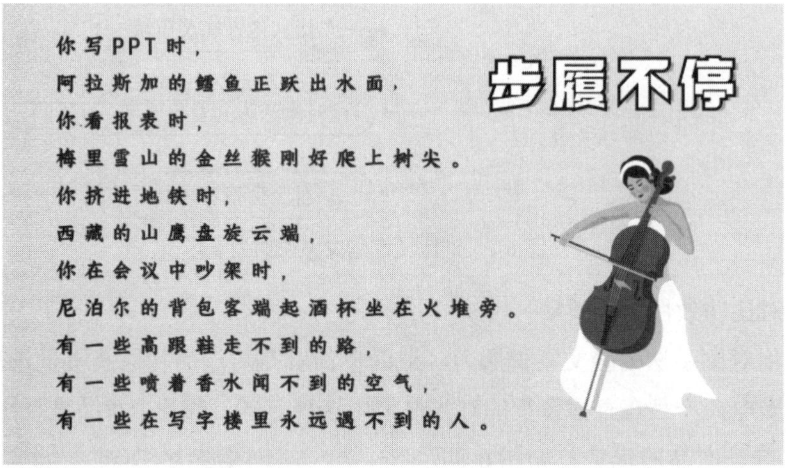

你写PPT时，
阿拉斯加的鳕鱼正跃出水面，
你看报表时，
梅里雪山的金丝猴刚好爬上树尖。
你挤进地铁时，
西藏的山鹰盘旋云端，
你在会议中吵架时，
尼泊尔的背包客端起酒杯坐在火堆旁。
有一些高跟鞋走不到的路，
有一些喷着香水闻不到的空气，
有一些在写字楼里永远遇不到的人。
步履不停

图 6-9 “步履不停”女装详情页文案

用“生活现状”和“期待的生活”对比，大声告诉用户我可以帮助消除你现在和你所期待的生活的差异，立即给你想要的生活。

**3. 对比价格及福利**

写文案还可以从价格福利方面进行对比，相同的价格买不同的产品，带来的价值是不一样的，这样才能让用户更愿意把钱花在值得的地方。如图 6-10 所示，这是罗永浩还在做“老罗英语”的时候写下的经典文案：**“人民币一块钱在今天还能买点什么？”**，这条文案就是运用了价格对比的方法，用一块钱学英语和买包子、创可贴、棒棒糖进行价值比较，突出这个课程的高性价比。

人民币一块钱在今天还能买点什么？
或者，也可以到
老罗英语培训听八次课
人民币一块钱在今天还能买点什么？
或者，也可以到
老罗英语培训听八次课
人民币一块钱在今天还能买点什么？
或者，也可以到
老罗英语培训听八次课

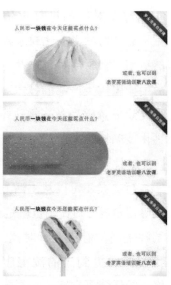

图 6-10 运用价格对比法的文案

## 6.3 文案修改案例拆解

好的文案是经过一次一次修改打磨而成的。平时我们写好文案后，可以反复修改，把一条 60 分的短文案提升至 90 分。在看到别人的文案时，也可以从这几个方面入手进行修改，以提升自己修改文案的水平。这里笔者以一个完整的案例来拆解文案修改的过程。

## ▶ 6.3.1　案例背景

一家新开业的便民超市，门口海报上的文案是这样的："**××××超市，新店开业，北美对虾限时特惠 25 元 / 斤**"。下面就针对这条文案拆解其修改过程。

## ▶ 6.3.2　三步修改文案

### 1. 提取文案信息明确目的

结合这家超市的产品及定位，笔者提取到超市海报文案的信息是：超市新开业，为体现物美价廉，以北美对虾作为促销产品。这条文案的目的是销售产品，目的已经表达出来了，但文案写得不够吸引人。

### 2. 使用对比法增加说服力

这条文案主要突出产品价格优惠，经过调研，笔者发现，正常情况下新鲜的北美对虾价格是 30 ～ 35 元 / 斤，因此，在这条文案中可以运用价格对比增加说服力。

于是把文案改成："**25 元能买到北美对虾，为什么要花 35 元——××××新店开业，新鲜北美对虾限时特惠。**"这是笔者修改的第一版，显然比超市原来的文案更有说服力，但是还不够完美。

### 3. 优化动词，增加文案的说服力

然后笔者再进行进一步优化，巧用动词把"花"改成了"掏"："**25 元能买到北美对虾，为什么要掏 35 元——××××新店开业，新鲜北美对虾限时特惠。**"

"掏"这个词可以让用户感受到自己钱包里的钱被拿走的感觉，增加了画面感和代入感，整句话下来，用户会感觉到自己是占便宜了，会更愿意去这家超市消费。

---

### 本章小结

1. 判断一篇文案是不是好文案，可以从目的是否明确、逻辑是否清晰、画面感是否鲜明、说服力是否强这四个角度去检测。

2. 我们可以通过修改文案的逻辑结构、画面感和说服力把一篇 60 分的文案提升到 90 分。

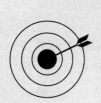

# 实战篇：

## 多平台实战，私域成交

# 第 7 章
# 海报文案：设计出吸睛的海报文案

作为一种常见的宣传方式，海报可以把公司的品牌文化、产品亮点等浓缩成一张图，通过朋友圈、公众号、微博等各种平台推广出去，被目标用户看到。在短文案写作中，也经常会遇到各种各样的海报需求，根据短文案销售产品和品牌宣传这两个写作目的，海报可分为如图 7-1 所示销售产品海报（以下简称销售海报）和品牌宣传海报（以下简称品宣海报）两种类型，这一章我们主要学习海报文案的写法。

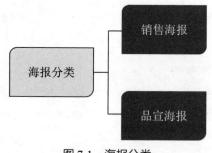

图 7-1　海报分类

## 7.1　如何写销售海报文案

销售海报是最常见的海报形式，想要写好销售海报文案，首先我们得了解构成销售海报的基本元素，其次还要懂得巧用三种消费者心理，去写海报标题。

### ▶ 7.1.1　销售海报构成的六元素

一份完整的销售海报，通常由图 7-2 所示的六大元素构成。这六大元素有什么特点，又如何运用呢？这一小节，笔者带大家了解这两方面的知识。

图 7-2　销售海报的六元素

**1. 销售海报的六大元素**

（1）主标题：字数不多，一般会放在海报最显眼的位置，多为商品名称或者活动主题，让人一眼看出来这张海报的目的。

（2）副标题：一般紧跟主标题，旨在进一步解释和强化主标题，给出消费者购买的理由。

（3）图片：一般是商品或人物照片，要求简洁清晰，能够吸引人的注意力。

（4）商品信息：一般包括产品的详细特征、优势描述等，经常会采用商品卖点＋消费者收益点的结构来写。

（5）权威背书：用来证明这个产品值得信任和受欢迎，多来自用户、权威机构或者专家的视角或语气。

（6）促销信息：一般位于海报下方，用优惠信息促使用户下单，经常采用限时限量／赠品＋二维码／电话的结构形式。

**2. 案例运用**

这里通过两个案例来展示销售海报是如何体现这六大元素的。

（1）短文案课程海报

如图 7-3 所示，这是笔者短文案写作训练营使用过的一张课程海报，先来看这张课程海报的上半部分，最大的字："**30 天短文案赢利营**"让你一眼看到这个课程讲的是短文案赢利。

接着来看上面略小于主标题，但是也比较显眼的字："**上手快、易爆单、好**

赢利"，这是海报的副标题也是购买理由。

海报的中间部分，右边是笔者的形象照，这是图片部分，左边是笔者的头衔介绍以及所服务过的企业，这是权威背书。

再下面，"训练营亮点"里面的三个说明**"专业指导""平台实战""赢利路径"**这部分可以统称为商品信息。

最下面的文字，**"原价1299元，早鸟价899元仅限前50人"**，这是促销信息。

这就是一张完整的课程销售海报文案，包含销售海报的六大元素。

（2）产品销售海报

下面我们再来看一张产品销售海报。如图7-4所示，海报上比较显眼的字**"××保湿面膜"**这是产品名称也是海报的主标题；主标题下面**"限量促销，买一送一"**是海报的副标题，用优惠促销给出消费者购买理由；中间部分是产品的照片，产品照片旁边的文字**"长效润养""收缩毛孔""饱满焕亮"**的内容，是海报的商品信息，也是商品的功效卖点；再来看海报最上面小字**"镇店之宝 零差评"**这是产品的权威背书；最后是引导购买和二维码，这是促销信息。

图 7-3　短文案课程海报　　　　　　　图 7-4　某补水保湿面膜海报

从这两个案例中，我们可以看出，虽然所卖产品的品类不同，但是两张海报都包含了销售海报的六大元素，不过在具体运用中，有些销售海报不需要六大元素全部展示，可能只用到其中几个元素，这需要具体问题具体分析。

### ▶7.1.2　巧用三大消费者心理，写出销售海报标题

虽然一张海报包含六大元素，但毫无疑问，标题是六大元素中最重要的。一个好的标题可以很好地吸引用户的注意力，让用户愿意花时间继续了解海报的其他信息。可以说，有一个精彩的海报标题，海报文案就成功了一大半，这一小节就解析如何创作销售海报的标题。

想要文案标题吸引人甚至促使人下单，需要在写文案的时候巧用图 7-5 所示的消费者三大心理因素。

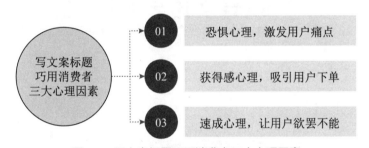

图 7-5　写文案标题巧用消费者三大心理因素

**1. 利用恐惧心理写标题，激发用户痛点**

在营销界，有一种营销方式叫作恐惧营销，这是一种非常有效的营销方式。在恐惧营销中，因为用到了恐惧心理，才使恐惧营销如此受欢迎，那么我们该如何巧用恐惧心理创作海报标题来实现营销目的呢？

（1）为什么恐惧营销如此有效

恐惧是人性的弱点，我们的祖先因为害怕猛兽与黑夜，所以发现并学会使用火种；害怕饥饿所以开始学习种植、养殖。为了克服恐惧，人们会采取各种行动，尝试各种方法，购买各种产品，这也给商家提供了利用恐惧心理进行营销的机会。

在快节奏的现代生活中，很多人对生活存在或多或少的恐惧感：中年危机、害怕失业、担心另一半的离开、害怕生病、害怕衰老、害怕意外、害怕环境恶化、害怕食材不安全、害怕自己被社会淘汰、害怕孩子没有一个好的前途等。这

种害怕、恐惧的情绪会让人十分不舒服，于是急于找到消除恐惧的方法，因此恐惧营销就成了文案营销界屡试不爽的方法。

如图 7-6 所示，知名的读书类公众号"有书"的海报标题："**你有多久没有读完一本书了？**"看到这样的文字，每个人不禁会回忆自己上一次读完一本书是什么时候的事，是一个月、两个月还是一年前？许多人会感觉自己好像真的好久没有完整地读过一本书，由此产生再不读书自己就会变得肤浅无知的恐惧，迫切地想要改变这种现状，于是就报名"有书"的读书活动。这个海报标题"有书"用了很多年，为"有书"吸引了大量的粉丝。

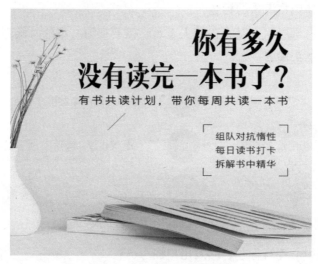

图 7-6　"有书"的宣传海报

（2）利用恐惧心理写标题的公式：痛点＋解决方案

利用消费者恐惧心理写标题，笔者给大家一个公式：痛点＋解决方案。也就是找到让用户产生恐惧的场景／情况，即痛点，然后针对痛点给出相应的解决方案——你的产品项目。下面通过两个案例来说明。

案例一：王老吉广告标题

如图 7-7 所示王老吉海报的经典标题："**怕上火，喝王老吉**"。

大部分中国人会觉得上火乃万病之源，从小到大我们经常听到"上火不好"等类似的话，于是大家都害怕上火。海报中"**怕上火**"这简简单单的三个字，一下子就引发了用户对于上火的担忧和恐惧，成功激发了消费者预防上火的欲望，而"**喝王老吉**"可以帮助你解决"上火"问题，也成了这个怕上火的解决方案。

图 7-7　王老吉广告

案例二：减肥广告标题

我们再来看一个减肥产品的销售海报，如图 7-8 所示，这是一个减肥代餐的海报。标题"节食太饿，来一瓶纤细佳人吧！"，一句"节食太饿"戳中了太多减肥人的痛点，让他们想到自己为了减肥，每天不能吃主食、不能吃晚饭、不能喝奶茶、不能吃火锅，以及各种节食带来的痛苦。然后告诉你，可以"来一瓶纤细佳人吧！"，不用挨饿，想瘦哪里就瘦哪里！这样的标题，是不是就很能让想减肥的人们产生行动、产生想要购买的欲望呢。

**2.巧用获得心理写标题，吸引用户下单**

获得心理也是创作海报标题时常用的一种方法，那么获得心理又分为哪几种，在创作海报标题时又该如何运用呢？这一小节内容会进行详细的讲解。

（1）什么是获得心理

在文案创作过程中，有些文案会用大量的篇幅介绍自己的产品，把产品夸得非

图 7-8　减肥产品广告

常好，但是用户并不买账，这是为什么呢？因为这样的文案并没有告诉用户，购买这个产品能给他带来什么好处。对于用户来说，他们并不关心你的产品，他们只关心自己从这个产品中可以获得什么，这就是获得心理。

关于获得心理，在营销界有个非常有名的案例，如果你是卖电钻的商家，那么你要明白"**客户不是要买电钻，而是要买墙上的那个洞，而你的电钻可以帮他在墙上打洞**"，因此我们写文案的时候，不能只写产品的卖点，而是要告诉用户，买了你的产品他能得到什么，能给他带来什么好处，也就是说要让用户有获得感。

（2）获得感分类

不同的产品带给用户的获得感是不一样的，一般来说获得感又可以分为生理获得感、心理获得感和财富获得感。

生理获得感，是指让我们从感官上，比如在味觉、听觉、嗅觉等方面获得了不一样的感受。

心理获得感，是指精神层面上的感受，比如感到了幸福、自信、安全等。

财富获得感，一般是指财富收益，赚钱、赢利等。

在具体运用中，一个海报标题有可能只包含一种获得感，也有可能是几种获得感结合起来运用。

（3）利用消费者获得感写标题的公式：产品卖点＋用户收益点

如何利用消费者获得心理写标题呢？这里笔者也给大家一个公式：产品卖点＋用户收益点。这个公式可以帮助大家快速写出一条标题，也就是说在写文案标题的时候，要用文案把产品的卖点带给用户的好处描写出来，如表 7-1 所示。

表 7-1　产品卖点及用户受益点

| 产　　品 | 卖　　点 | 用户受益点 |
| --- | --- | --- |
| 暖水壶 | 可以按压出水 | 老人和小孩用起来更安全 |
| 祛痘产品 | 消除痘印痘坑，改善痘痘肌 | 人变美了自信了，可以尽情吃火锅了 |
| 每日坚果 | 味道好，品种齐全，营养健康 | 可以代替早餐，不用起早做早餐了 |

从表 7-1 中可以看出，暖水壶的卖点是可以按压出水，有了这个功能，老人和小孩用起来更安全了，不用担心会把老人或小孩烫伤。祛痘产品的卖点是可以消除痘印痘坑、改善痘痘肌，使用它可以让人变得更美丽，从而更加自信，同时也可以尽情吃火锅了。每日坚果的卖点是味道好、品种齐全、营养健康，它可以

代替早餐，这样就不用每天早起做早餐了。

这就是根据产品卖点，找出来的用户受益点，把它们结合起来，提炼成适合做标题的句子，一个把产品卖点转化成用户受益点的标题就诞生了。

**3. 巧用速成心理写标题，让用户欲罢不能**

如果你留意过朋友圈或者经常刷一些短视频，就会发现"快手早餐""10 分钟学会游泳"这样的文字越来越多，这其实就是运用了速成心理创作的内容。那么为什么利用速成心理营销如此受欢迎，在创作海报标题时，又如何运用速成心理呢？这一小节，我们主要了解这两个部分的内容。

（1）为什么利用速成心理营销受欢迎

现代社会，大家的压力都很大，都缺乏耐心，因此每个人都在努力地寻找捷径，都希望用最短的时间达到最好的效果。这种心理也不断地被人运用到自媒体标题的创作中，比如护肤课程海报的标题**"10 分钟减龄焕颜装"**，穿搭课程的海报标题**"10 分钟极简穿搭术"**，还有我们经常会看到类似于**"7 天掌握视频号赢利秘密""14 天成为摄影达人""30 天说一口流利英语"**等海报标题都是利用这样的心理来写的。

（2）用速成心理来写标题的公式：付出少 + 好结果

既然速成心理如此受欢迎，那如何利用速成心理来写海报标题呢？这里也给大家一个公式：付出少 + 好结果。也就是说，只要付出很少的努力或者是时间，就能快速地得到一个很好的结果，试问这个可快速获得的结果，谁能拒绝呢？

如图 7-9 所示，海报标题**"5 天让你学会一支团队组建"**，瞬间让你觉得组建团队其实很简单，跟着学习 5 天就可以学会。

图 7-9　团队组建海报

另外，一张沟通力课程的海报，标题写的是**"60 分钟，学会关键沟通"**，我们都知道沟通很重要，但是很多人不会沟通，现在只需要 60 分钟，就能学会关键沟通，是不是很吸引人呢？

## 7.2　如何写品宣海报之节点海报

品宣海报的种类有很多，比如像企业周年庆海报、顾客宣言海报、企业公益捐赠活动海报、节点海报等，只要能为企业的品牌宣传加分的海报，就属于品宣海报。

因为不同公司，不同的企业文化，不同的产品项目，品牌宣传的方式千差万别，本节就以所有企业都要用到的节点海报为例，来分享节点海报的概念及作用，创作节点海报的三种思路及撰写节点海报的三个步骤。

### ▶ 7.2.1　节点海报的概念及作用

所谓节点海报，是指企业在遇到传统节日、二十四节气及圣诞等西方节日时，特意设计的与这些节日、节气特点相结合的海报。因为人们对节点有较高的关注度，所以，现在越来越多的企业把节点海报作为品牌宣传的重要一环，都想趁着节点发个品宣海报，混个脸熟，强化消费者的记忆以防"过气"。甚至有些品牌因为节点海报做得好而被广泛传播，这也是节点海报越来越受到重视的原因。

### ▶ 7.2.2　创作节点海报的三种思路

节点海报看起来涉及各行各业、各种节日节点，但总结起来企业常用的创作节点海报的思路主要有图 7-10 所示的三种。

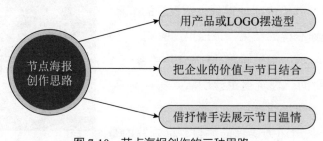

图 7-10　节点海报创作的三种思路

#### 1. 用产品或 LOGO 摆造型

节点海报的第一种创作思路是把企业的产品或者企业 LOGO 结合节点的标志元素，摆出一个造型，再加上一句简单的文案，既新颖又有趣。

如图 7-11 所示，这个护肤品的立春海报，把产品外观图片作为"春"字的一部分，融进了"立春"的构图里，新颖独特，既体现了节气特点，又宣传了产品。

这种思路设计出来的海报，生动有趣，让人记忆深刻。不过这种海报要求设计和文案能够高度配合才能做出来好的效果。

### 2. 把企业的价值与节日结合

创作节点海报的第二种思路是把企业的态度、观点与节日相结合。如图 7-12 所示，"蒙牛"的妇女节海报文案**"点滴女人味——做自己的女王"**，内文**"她们说：老公那么会赚钱，你创业给谁看？我说，老公**

图 7-11　某护肤品立春海报

**是谁不代表我是谁，我的人生我来定。"**表明了蒙牛支持"女性独立自主，不依附别人"的观点。

如图 7-13 所示，安踏高考季的文案**"把终点踢成转折点"**是一种人生态度，用在这里既是对考生的一种激励，也是展示品牌的一种价值观。

图 7-12　"蒙牛"妇女节海报

图 7-13　"安踏"高考季海报

### 3.借抒情手法展示节日温情

创作节点海报的第三种思路是巧用抒情手法，展示节日温情。如图 7-14 所示，海报中，这款白酒的父亲节海报文案**"你忙着看世界，他却把你当作全世界"**，把父亲对孩子默默付出的爱，表述得淋漓尽致。

图 7-15 所示，海报中，"好时"月饼品牌的中秋节海报里，一句**"远方成了家，家成了远方"**戳中了那群离开家乡，来到远方，最终把异乡变成故乡的人的心。

图 7-14　某白酒品牌的父亲节海报

图 7-15　"好时"月饼中秋节海报

### ▶ 7.2.3　写节点海报的三个步骤

明确了节点文案的创作思路，在具体的执行过程中如何运用呢？可以采用图 7-16 所示的三个步骤去写。

本小节，以笔者自己曾实操过的一家美容院为例，该店拥有 20 年品牌历史，在这里结合它的"除夕"节气海报案例来详细讲解创作节点文案的三个步骤。

图 7-16 写节点海报的三个步骤

### 1. 收集准备素材

文案创作过程中收集素材和寻找灵感是非常重要的，在落笔之前，可以先去浏览一下其他品牌节点海报的创作思路，把那些打动了你，让你觉得还不错的短文案保存起来，这样就可以慢慢地积累一个文案素材库。

在美容院这个案例里，笔者在写"除夕"节气海报的文案前，先去数英网搜索浏览了各大品牌往年的除夕海报，看看大家的创作思路，把随时迸发出来的灵感都记录下来，这是第一步准备工作，即准备素材。

### 2. 找到节点与品牌的关联

一张好的节点海报，能让节点和产品或者节点与企业产生一种巧妙的关联，当我们通过第一步搜集浏览了足够多的素材后，就可以尝试着去寻找这个关联。

找到关联的前提是要对这个节点足够了解，同时对要撰写的产品或品牌非常熟悉，才能找到它们之间的关联点。表 7-2 为美容公司除夕海报关联点分析。

表 7-2 某美容公司除夕海报关联点分析

| 节点特点 | 企业品牌特点 | 关联点 |
|---|---|---|
| 除夕是岁末的最后一个夜晚，意为旧岁至此而除，另换新岁，是结束是终点是辞旧迎新之意 有团圆、守岁、发压岁钱的习俗 | 美容行业为会员提供健康美丽的服务，传递美丽健康的观念，教顾客保养护肤小知识，带给顾客年轻美丽和自信 | 美丽是女人终生的事业 |

如表 7-2 所示，在笔者实操的这个美容院案例中，首先是去了解除夕的特点，除夕对于中国人来说是一个告别旧时光迎来新生活的承前启后的日子，是终点是结束，是团圆是喜庆是仪式。

接着，看美容院特点，这是一家拥有 20 年历史的专业美容院，为会员提供能使其保持健康美丽的服务，同时给用户传递关于美丽的知识和观念，人的身体和面容也是需要用心保养的，这种保养需要日复一日的坚持才能看到效果，美丽是女人终生的事业，是没有终点的，美丽与年龄无关，即便到了 80 岁也可以优雅美丽地活着。

两个特点里，都有"终点"，这就是它们的关联点。

### 3. 借用经典句式撰写文案

找到了节点和品牌之间的关联点，接下来就是第三步：选择经典句式写文案。很多人不知道创作文案都有哪些句式，这里笔者给大家列一些写短文案时经常用到的经典句式。很多我们耳熟能详的广告语其实都用到了这些经典句式，如表 7-3 所示。

表 7-3　文案创作经典句式

| 句　式 | 案　例 |
| --- | --- |
| 转折句式 | 三毫米的旅程，一颗好葡萄要走十年（长城葡萄酒广告标题） |
| 递进句式 | 没有 CEO，只有邻居（万科地产） |
| 并列句式 | 一面是科技，一面是艺术（小米手机） |
| 选择句式 | 与其在别处观望，不如在这里并肩（腾讯微博） |
| 因果句式 | 因为专注，所以专业（中兴手机） |

根据第二步的关联点，显然这个文案很适合用第一个转折句式。于是，笔者写下了"除夕也不忘用心护肤""最后一天也要保持美丽"这两个标题，来传达美丽是女人终生的事业这个观念。

后来再进行优化，最终写出了标题文案：**"每一年都有终点，让自己变美这件事没有终点"**。制作出了如图 7-17 所示的海报，融入了除夕的元素，又宣传了企业品牌和文化。

图 7-17　某美容公司除夕海报

## 本章小结

1. 根据短文案销售产品和品牌宣传这两个写作目的，海报又可分为销售海报和品宣海报。

2. 一份完整的销售海报，通常由主标题、副标题、图片、商品信息、权威背书、促销信息这六大元素构成。

3. 标题是销售海报中最重要的元素，在创作销售海报标题时我们可以利用恐惧、速成和获得感这三种消费者心理。

4. 节点海报是品宣海报中用到最多也最受欢迎的一种形式，在创作节点海报时我们可以：用企业的产品或 LOGO 来摆造型，把企业的态度、观点与节日相结合，巧借抒情手法展示节日温情。

5. 在进行节点海报创作的过程中，我们可以采用收集准备素材、找到节点与品牌的关联点以及借用经典句式创作文案这三大步骤。

# 第 8 章
# 微信朋友圈：打造收心收钱的朋友圈"花园"

## 8.1 微信朋友圈的商业价值

在人人离不开微信的时代，微信朋友圈不只是展示生活动态、发表心情和状态的地方，它已经成为我们收集信息、连接人脉、打造个人影响力、增加收入的重要窗口。微信朋友圈是一个自媒体平台，有着其他自媒体平台不可取代的商业价值，它的商业价值主要体现在图 8-1 所示的三个方面。

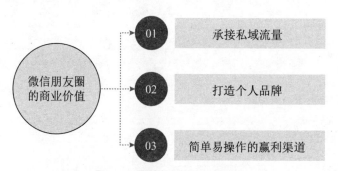

图 8-1　微信的三大商业价值

### ▶ 8.1.1 承接私域流量

运营过小红书、今日头条、知乎、抖音快手等自媒体平台账号的朋友会发现，这些平台虽然流量很大，但无法直接触达用户。除非我们和用户同时在线，否则无法做到一对一地和用户交流沟通，很多时候我们和用户之间存在着信息差。因为用户只是偶尔会去登录，我们和用户都无法做到第一时间回应对方。

与上述平台相比，微信平台具有独特的优势，微信已经成为现代人生活沟通的一种工具，所有的信息能够第一时间触达，第一时间做出回应。因此，大部分运营自媒体账号的人，都会想办法把粉丝和流量转化到微信个人号或者企业号上，变成自己的私域用户，这样就可以多次直接触达用户。

不只是个人，大家还可以看到，现在大多数实体店都开始经营微信朋友圈，打造私域流量来经营社群了，这是一个趋势。

阿里巴巴多年前就提出了"新零售"的概念，但是，一直没有人能准确定义什么是"新零售"。现在随着消费方式的转变，"新零售"的概念也越来越清晰了，其实真正的"新零售"不是回归线下，而是用线下的一次触点换线上的无限次触点。具体来讲，开店的目的并非只能靠线下卖产品来赚钱，还可以加好友建立私域，实现多点触达，然后运用兵团化管理，实现无限次地触达，线下线上同时进行，实现更多的营收，这是当前一种典型的私域流量玩法。在这个私域流量的玩法中，有一个不得不重视的环节就是微信朋友圈的打造，一般来说，一个企业或实体店会有几个甚至几十个微信号，微信号的通讯录上都是客户，经营朋友圈也是他们的日常工作。

目前不只是个人微信有朋友圈的功能，企业微信在满足一定条件后也可以开通朋友圈，这就意味着越来越多的企业要通过微信来做生意谈合作了。可以说微信朋友圈是私域流量的承接者，是所有个人和企业都需要去用心经营的自媒体平台。

## ▶8.1.2　打造个人品牌

在今天这个人人自媒体时代，个人的成功机会很多，而个人品牌是个人成功的加速器。从前，打造个人品牌是明星和商界的"特权"，他们深谙其道，投入巨大资源，甚至拥有专门的个人品牌智囊团。现在，科技和新媒体把这个特权交到每个人手里，使我们每个人都有了打造个人品牌的可能性。但是，在众多打造个人品牌的方式中，通过微信朋友圈打造个人品牌最适合普通人，因为微信朋友圈具有其他自媒体平台所不具备的三个优势，如图 8-2 所示。

### 1. 强社交关系

在很多人的印象中，朋友圈只是一个发生活动态和记录心情的地方。实际上，朋友圈是一个自媒体平台，它是和微博、微信公众号、简书、今日头条等类似的自媒体平台，是一个社交工具，并且比所有的自媒体平台都更能增加用户的黏性。

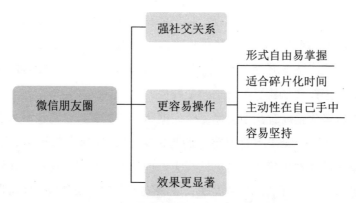

图 8-2　微信朋友圈打造个人品牌的优势

　　微信不仅可以通过文字图片展示交流，还可以通过语音视频等进行交流，还有定位等功能，让人觉得你面对的就是一个活生生的人，而不是一个冷冰冰的账号。

　　与传统的淘宝、京东等购物平台不同，微信是强关系，是建立在喜欢和信任基础上的一款社交软件，是链接你和陌生人最直接高效的沟通工具，是强社交关系链。

**2. 更容易操作**

　　打造个人品牌最好的方式是运用自媒体矩阵持续性输出，我们每个人身边也都有通过某一平台的持续输出而爆发的！

　　不过这并不是说每个人都可以成功通过自媒体平台去打造个人品牌，一是要有持续输出的能力，二是要有足够的时间，三是要去研究自媒体平台的推荐涨粉机制，因为平台和平台的区别很大。不过仅前两点就会让很多人望而却步，但是微信朋友圈不一样，它更容易操作。

　　（1）形式自由易掌握

　　短文案配图片的形式，只要稍微有点文字基础的人都能迅速掌握！朋友圈文案中除了产品文案外，大多数是生活类的文案，我们最熟悉的就是自己，写自己会比写产品更容易掌握！

　　（2）适合碎片化时间

　　我们都有一种体验，看一篇长文章，如果写得不是很精彩，看几段就容易疲劳。但是朋友圈不一样，简短的文案一眼扫过，刷一会朋友圈能了解很多信息！

　　等饭、等车、等人、坐车、工作间隙，大量的碎片化时间可以用来看朋友圈，比如笔者曾经就是每天利用上班路上的一个小时带领学员写朋友圈文案，发朋友圈也都是上下班路上或者中午吃饭的时候或者临睡前，很快写好就发圈，这就充分地利用了碎片化时间，并且容易去坚持。

（3）主动性在自己手中

除了微信公众号，其他的自媒体平台基本上都是靠平台给流量，掌握了平台规则，做平台喜欢的内容，平台才会给你曝光让更多人看到，因此对平台依赖性太强。个人号不一样，加到你微信号的都是真实的个人，都属于你的私域流量，你完全可以自己掌控。因此不管你做什么肯定是以朋友圈为基础，你能控制的只有自己的朋友圈。

（4）容易坚持

做任何一件事情都需要坚持。其实每个人都有打造个人品牌的潜质，不过大多数人都是坚持一段时间后看不到效果就放弃了。你想想自己、想想身边的朋友是不是这样的，而那些能坚持下来的人绝大多数都成功了。

但是朋友圈不一样，因为发朋友圈操作难度相对小一些，并且你每天都离不开它，朋友圈要求也没有那么多，并且你发出去的内容能够得到及时的反馈。你发一条朋友圈会有很多人点赞、评论，这就会让你有一种成就感，让你觉得你不是在唱独角戏，你有观众有喝彩，因此也就更容易坚持下去。

**3. 效果更显著**

在小红书、今日头条和公众号等自媒体平台，你坚持写文章如果没有爆文的话，也许你写十篇都没办法看到效果，但是朋友圈不一样，朋友圈是及时反馈，你的朋友圈文案写得好不好，看点赞数量和有没有人借鉴发圈就知道了；你个人品牌打造得好不好，看有没有人下订单就知道了。

朋友圈能更加迅速地看到效果，你能根据用户的反馈第一时间去调整自己的文案。

## ▶8.1.3　简单易操作的赢利渠道

无论是卖产品还是卖服务，朋友圈都是最容易启动的渠道，不需要营业执照，不需要广告宣传，不需要招聘员工，一个人就是一支团队。

笔者认识一位叫楠楠的英语教师，之前她一直在线下讲课。了解到朋友圈的重要性后，她开始思索更多的赢利方式，尝试着通过线上社群教学的方式给孩子教英语。

自从她找到新的定位和目标，便开始在朋友圈用心铺垫，打造自己爱读书爱学习的形象，塑造自己天天坚持读写英语的英语达人形象，她开始先免费在微信朋友圈给孩子辅导英语，然后再宣布自己的收费业务。

因为朋友圈个人形象打造得好，她宣布收费业务后，很快便有了订单，有时候一天能赢利3000元。有人给孩子包月学习她的英语课，甚至有的家长给孩子包年学习她的英语课。她每天积极阳光的态度，她输出的各种帮助孩子学习英语的干货，以及她发的教育管理自己家孩子的各种经验和方法，给了她朋友圈的家长很多启发，大家都很喜欢她的朋友圈。现在她不用上班，只是通过朋友圈就实现了赢利。现实中像楠楠这样有一项技能，通过朋友圈实现赢利的人，还有很多很多。

## 8.2 做好朋友圈规划，只需简单两步

朋友圈是展示个人品牌的途径之一，是一个最适合普通人赢利的渠道。朋友圈简单易操作，但是如果你随心所欲地发圈、粗暴地刷屏，朋友圈不仅不能为我们所用，还会影响我们的形象。我们应该有规划地打造朋友圈，有计划地发布朋友圈的内容，具体可分为做好朋友圈的外部形象规划和朋友圈的内容规划两步。

### ▶ 8.2.1 做好朋友圈外部形象规划

想要做好朋友圈规划，首先要做好朋友圈外部形象规划，这就好比现实中人与人的交往，当别人还不了解你的时候，只能通过你的外貌、穿着打扮、形象气质来判断你。朋友圈也是一样，你的朋友圈外部形象决定了对方是否能记住你，是否愿意深入地了解你。那么怎样做好朋友圈的外部形象规划，给人留下深刻的印象呢？主要可以从图8-3所示的三个方面进行规划。

#### 1. 微信昵称

微信昵称是区别于其他人的重要标志，是打造个人品牌的关键。因此，想要打造个人品牌就需要有一个好的微信昵称，好的微信昵称应该是：简单易传播，又让人印象深刻的。要起一个好的微信昵称我们可以使用简单好记的人名或笔名、含有亲戚词的昵称、昵称＋职业这三种方法。

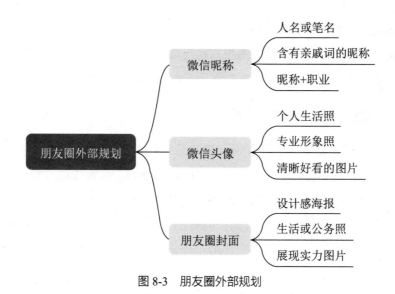

图 8-3　朋友圈外部规划

（1）人名或笔名

简单好记易于传播，有辨识度，最好是中文。这个可以是真名，也可以选取自己真实姓名里面的某个字进行组合，甚至可以找一个自己喜欢的名字，如叶小春、夏晓墨、陈子涵等。

（2）含有亲戚词的昵称

可以用含有亲戚词的昵称，这样能增加亲切感，如秋叶大叔、柚子妹、兔妈等。

（3）昵称＋职业

这是打造个人品牌最好的昵称形式，昵称明了又让别人一下子知道了你的职业。如简七理财、董红律师、熊莉个人品牌等。

**2. 微信头像**

想要打造个人品牌，除了昵称，还得选好微信头像。微信头像就是一张名片，它的重要性是不言而喻的。好的微信头像应该是真人生活照或者形象照，照片最好是清晰好看的，像我们平时在微信上看到很多人选用动物、植物、明星、动漫或者自己孩子家人做头像，这都不利于打造个人品牌。

**3. 朋友圈封面**

想要通过微信朋友圈打造个人品牌，微信朋友圈的封面图片也需要花费心思去设计。朋友圈的封面图片是免费广告位，类似于商店的橱窗，能够吸引用户加好友和点进去浏览你的朋友圈。朋友圈封面图片，位于朋友圈最顶端的固定位置，一般来说可以是经过设计的海报，也可以用自己的生活或者公务照片，总之要展示自己的实力，增强真实性，加深用户的印象，给用户留下好感。

## ▶ 8.2.2 做好朋友圈内容规划

好的形象更容易被人记住，但如果想让微信好友对你产生更多好感，甚至发展成为你的粉丝和客户，还得做好朋友圈内容规划。内容规划主要包含发圈时间和发圈方向：在早中晚大家刷朋友圈的高峰阶段发圈，可以最大限度地让你所发朋友圈的内容被朋友圈好友看到；同时朋友圈发的内容要有一定的规划，要么有趣让用户感觉开心，要么有用让用户有获得感，那么就可以吸引用户更多的关注。

怎样结合黄金时间规划朋友圈内容呢？为了便于大家理解，笔者把一周的朋友圈内容规划做成了一张表格，如表 8-1 所示。

表 8-1　朋友圈一周内容规划表

| 周 一 | 周 二 | 周 三 | 周 四 | 周 五 | 周 六 | 周 日 |
|---|---|---|---|---|---|---|
| 早上 7:00—9:00（起床到上班前） | | | | | | |
| 生活感悟 | 早餐 | 资讯感悟 | 跑步锻炼 | 生活感悟 | 睡懒觉 | 早起爬山 |
| 中午 11:30—13:30（午饭时间） | | | | | | |
| 专业干货 | 段子笑话 | 午餐 | 专业干货 | 互动福利 | 做美食 | 户外风景 |
| 下午 17:30—19:00（下班路上） | | | | | | |
| 团队赋能 | 专业干货 | 专业干货 | 晒单 | 聚会社交 | 专业干货 | 社交聚餐 |
| 晚上 20:30—21:30（吃完晚饭后） | | | | | | |
| 产品广告 | 晒单 | 产品广告 | 产品广告 | 产品广告 | 晒单 | 趣闻 |
| 晚上 22:00—23:00（睡觉前躺床上刷最后一波手机） | | | | | | |
| 晚安寄语 | 读书 | 学习笔记 | 晚安寄语 | 一周复盘 | 亲情 | 晚安寄语 |

这就是普通人一周可以发圈的内容规划，用一张表格进行整合，就知道了大概的发圈内容和方向，只要在黄金时间按照规划去发，其他时间不需要太关注，这样更加简单有效，并且不会占用太多时间。当然，每个人的情况不同，产品特点不同，朋友圈发布的内容甚至时间都不一样，这只是一个参考，大家可以根据实际情况进行适当调整。

## 8.3　四个阶段塑造人设，助力你成功收心

和传统的卖货平台不同，朋友圈订单成交大多数是建立在喜欢和信任你这个人的基础上的，而让人喜欢你、信任你，是需要经过长期的人设塑造的。怎么来塑造人设呢？一般来说，朋友圈卖货会经历如图 8-4 所示这四个阶段。如果想要成功收心，就要用心做好每个阶段的工作。为了便于大家理解，笔者用自己曾经在朋友圈代理销售某款美食产品的过程，为大家拆解在不同阶段，怎么调整发圈的重点，来打造自己的人设。

图 8-4　朋友圈塑造人设四个阶段

### ▶8.3.1　被知道

通过朋友圈打造个人品牌或者卖货，如果一开始就直接发广告，会让人反感，也不容易成交。正确的做法是，通过朋友圈在初期做一些铺垫，让你的好友知道你准备带货或者提供相关的专业服务，我们把这个阶段称为"被知道"。具体的操作是，你可以去展示自己和产品的故事、自己或家人使用产品的体验感受、自己代理这款产品的原因和初心，或者是你在专业领域里已经取得的成绩等，这样慢慢渗透给用户。

比如，笔者当时准备卖海苔时，朋友圈发的主要有自己给客户写海苔朋友圈文案的内容、自己购买海苔的内容、自己吃海苔的感受、自己家孩子吃海苔的场景（如图 8-5 所示）等。慢慢地让大家知道，自己与这款海苔产品的故事，铺垫一段时间后，再宣布代理这个产品就不会太突兀。当时发了自己准备代理这款产品的朋友圈内容后，大家纷纷点赞，当天就成交了好几单，这就是前期铺垫的效果。

### ▶8.3.2　被信任

经过一段时间的铺垫后，进入正式销售宣传阶段。为了促进销量，让陌生人下单，你需要让别人对你和你的产品产生信任，相信你人很可靠，相信这个产品

很好，这就是塑造人设的第二阶段——被信任。此时，朋友圈需要重点发布的内容应该包含零售晒单、用户好评、干货分享等。笔者当时在这个阶段主要发了一些关于海苔营养价值，以及如何挑选海苔等干货知识，如图8-6所示。

夏晓墨文案
刚刚吃过饭就要吃，潘多乐海苔有毒😈😈大人小孩都喜欢吃，一吃就停不下来的节奏！

夏晓墨文案
🍙海苔小百科
很多人问其他海苔都有各种味道，为什么潘多乐只做原味！
我想告诉你潘多乐是真正的头水紫菜低温烘焙而成，不添加是想保持原汁原味
如同你购买了最新鲜的虾和鱼一定是清蒸最好，而原料不够好的才会用红烧等方式去烹饪，掩盖材料缺陷

图 8-5　产品铺垫期朋友圈内容　　　　图 8-6　被信任阶段朋友圈内容

### ▶8.3.3　被喜欢

只有信任还不够，你还要把这些信任你的人变成你的闺蜜，你的忠实客户，这就是塑造人设的第三个阶段——被喜欢。这时候，朋友圈重点发布的内容应该包含：对于这项事业的感悟，代理加入等晒单图。如图8-7所示，笔者当时发了一些关于知识付费和微商的感悟，很多人都很喜欢，都在下面评论写得太好了要借用，还有评论是说到心坎里去了等，后来就陆续有做知识付费的人，成为笔者的代理。

### ▶8.3.4　被追随

经过一段时间的运营后，你的朋友们看到你的项目变得越来越好，加入你团队和你一起做这件事的人也越来越好，此时，就会有越来越多的人想加入你的团队，甚至你卖什么都有人买，做什么项目都有人愿意跟着你，这是每个想要通过朋友圈打造个人品牌或者卖货的人最想达到的状态，也就是塑造人设的第四个阶段——被追随，这个时候你就成了朋友圈的明星。这个阶段朋友圈需要重点发布的内容应该包含团队成员卖货赚钱的晒单、你耐心指导团队成员发朋友圈的情形、你自己通过用心经营小事业让生活状态和经济条件都越来越好的状况等，图8-8所示为笔者当时发的朋友圈内容。

夏晓墨文案
很多人觉得做知识付费高端，卖货档次低，那是因为你放不下所谓的面子，也没有真正体会到卖货带给人的成长！所谓面子那是赚了钱之后自然而然的事情！

当你放下面子赚钱的时候，说明你已经懂事了。当你用钱赚回面子的时候，说明你已经成功了。当你用面子可以赚钱的时候，说明你已经是人物了。

当你还只停留在省钱、闲聊、抱怨孩子老公婆婆，只爱所谓的面子的时候，说明你这辈子也就这样了

图 8-7　被喜欢阶段朋友圈内容

夏晓墨文案
我的女孩之前做其他产品，很少出单，跟我做潘多乐海苔后，一点点地指导她规划朋友圈，一周时间顺利开单

时光不辜负每一个人的努力，她给自己起个昵称叫海苔姑娘，特别开心她出单，事实证明用心打造，总会花开满园

图 8-8　被追随阶段朋友圈内容

## 8.4　五类朋友圈文案模板，让你轻松收钱

想要通过朋友圈卖货或者卖服务赚钱，每个人都希望能达到被追随的阶段，这样就可以轻松稳定地赚钱，但这并非一朝一夕可以完成，是需要一定的布局和技巧的，是需要利用朋友圈文案来逐步进阶的。朋友圈文案看起来很多、很零散，但概括起来可以分为如图 8-9 所示的五类文案。这五类文案怎么撰写呢？本节对每一类型文案进行模板公式总结和方法步骤拆解。

图 8-9　朋友圈文案类型

### ▶ 8.4.1 生活类文案

很多人觉得与生活相关的朋友圈随便发就可以，有时甚至只发图片不配文案。如果你的朋友圈只是用来记录生活的话，这样发是没有问题的。但如果你想通过朋友圈打造个人品牌，产生销售，那么就需要认真对待生活类文案。生活类文案是朋友圈里最重要的板块，也是打造朋友圈个人品牌的关键。人们很可能会因为一个人的状态，也就是一个人在朋友圈展示出来的精神面貌，而喜欢上他，而一个人的精神面貌，是可以通过生活类文案体现的，这一小节主要分享生活类文案的素材来源及生活类文案的写作方法。

**1. 生活类文案素材来源**

很多人会说自己每天的生活非常单调，没什么内容可以发，那是因为你没有细心观察和思考，忽略了身边的素材。如果我们养成随时随地记录生活的习惯，你就会发现可以用来发圈的内容非常多，这里笔者给大家分享生活类文案素材的五种来源，如图 8-10 所示。

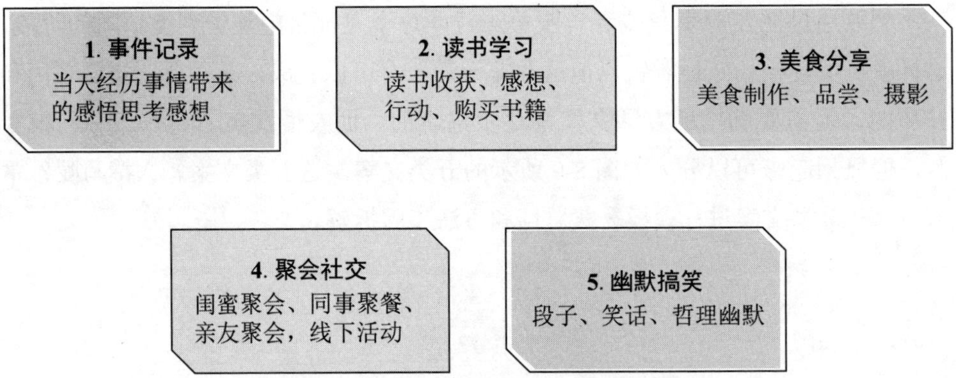

**1. 事件记录**
当天经历事情带来的感悟思考感想

**2. 读书学习**
读书收获、感想、行动、购买书籍

**3. 美食分享**
美食制作、品尝、摄影

**4. 聚会社交**
闺蜜聚会、同事聚餐、亲友聚会，线下活动

**5. 幽默搞笑**
段子、笑话、哲理幽默

图 8-10　朋友圈生活文案素材的五种来源

（1）事件记录

可以写一天的计划或一天中发生的某件事带来的感悟；发你看到某个新闻资讯后的一点感想；发上下班途中遇见的事情带来的思考和感悟；发自己与孩子之间的故事或教育孩子的心得等。

（2）读书学习

阅读或者听读一本书你总结出来几个学习收获；你参加了一个训练营或者听了一节课学到的知识点；记录去图书馆看书的点滴。

（3）美食分享

你吃到了什么美食，自制了什么美食，拍张照片配段文案，立马就有很多赞。

（4）聚会社交

闺蜜相约、同事聚餐、与大咖会面、去上课、参加线下活动、参加读书会等都可以成为你的素材，为你的品牌加分。

（5）幽默搞笑

你听到或者看到一个段子，一则笑话，一个发人深思的故事，都可以发朋友圈，成为你的生活动态。

**2. 生活类文案写作方法**

有了素材，知道了发什么内容，那么生活类的朋友圈文案怎么写呢？其实生活类文案是最简单随意的，一两句话记录一下当下的状态即可，如果想要写得有一点深度，这里分享一个模板公式：当下的状态描述＋感悟升华。

这个模板公式可以分成两段：第一段，描述当下在做的事情，也可以加上当时的环境以及自己的心情；第二段，记录通过这件事获得的感悟，也是对第一段内容的升华。

为了促进大家的理解，笔者用自己曾经发过的两条生活文案来举例。

案例一：塑造自己认真努力积极向上的态度和形象，笔者曾写过这样一条文案。

第一段，"周末清晨，早早起床阅读半小时，然后投入今天的工作中。"

第二段，"我想大部分人都和我一样，生来平平淡淡，惊艳不了青春，斑驳不了岁月，可我们依然想温暖时光、读书写作，然后期待着绚烂绽放。"

这样的一条文案，吸引了很多与笔者一样平凡普通但是依然在努力上进的好友的注意力。

案例二：塑造自己是一名认真努力的短文案讲师的个人品牌和形象，笔者曾发过这样一条生活文案。

第一段，"听着窗外淅淅沥沥的秋雨，伴着清晨的丝丝凉意，开启今天的工作，继续打磨短文案课程。"

第二段，"秋天是深入自己的时候，至少得长出点什么果实，才能让自己微笑着，去拥抱寒冬。"

用简单唯美又含有哲理的句子告诉了朋友圈好友笔者的职业身份，笔者目前在做的事情，同时也塑造了积极努力的形象，很多人喜欢笔者这条朋友圈文案。

## ▶ 8.4.2　干货类文案

干货类朋友圈文案也是朋友圈文案布局中比较重要的一部分，因为要给人提供价值，也可以成功吸引人留下来，无论你是做什么行业的，你都应该掌握这个行业足够多的专业知识。

在写干货类文案的时候，大部分人最大的苦恼是不知道去哪里找专业知识，也不知道用什么样的形式来组织语言，这一小节主要学习干货类文案素材的来源及干货类朋友圈文案的写作模板公式。

**1. 干货类文案素材来源**

干货类文案素材来源有很多，不过，对于大多数人来说，如图 8-11 所示的四个渠道是最常用的。

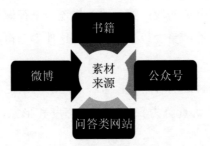

图 8-11　干货类文案素材来源

（1）书籍

每个领域都有很多的专业书籍，找到你所从事领域相关的书籍，从书中总结出发圈的干货内容。一本书里的内容有时可以用很久。

（2）微博

找几个相关领域的微博，尤其是一些很有影响力的微博，一般有专业团队运营，会有很多干货，并且微博言简意赅的句子和朋友圈是一样的，只需要稍作修改就可以拿去发圈。

（3）公众号

关注几个行业相关的公众号，时时去看更新情况，把公众号里面分享的内容总结成干货发圈，也就变成了自己的内容。

（4）问答类网站

知乎、悟空问答、百度知道等问答类网站也是干货知识的来源，搜索感兴趣的问题，对高赞的回答进行整理，然后发圈。

**2. 干货类文案写作方法**

朋友圈的干货类文案，篇幅简短，可以利用碎片化的时间来阅读、学习，所以大家都很喜欢看。那么干货类文案要怎么写呢？这里分享一个朋友圈干货类文案写作模板公式：标题＋观点＋案例运用 / 方法步骤 / 原因解释。为了便于理解，笔者列举两条自己朋友圈曾经发过的干货类短文案的案例，第一条如图 8-12 所示。

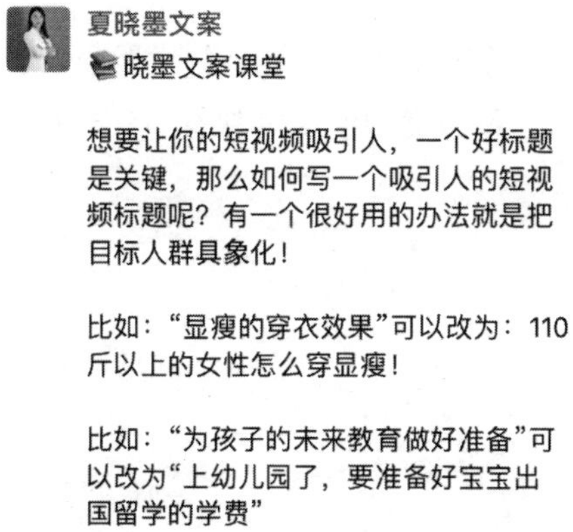

夏晓墨文案
晓墨文案课堂

想要让你的短视频吸引人，一个好标题是关键，那么如何写一个吸引人的短视频标题呢？有一个很好用的办法就是把目标人群具象化！

比如："显瘦的穿衣效果"可以改为：110斤以上的女性怎么穿显瘦！

比如："为孩子的未来教育做好准备"可以改为"上幼儿园了，要准备好宝宝出国留学的学费"

图 8-12  朋友圈干货类文案

标题：**晓墨文案课堂**

观点：**想要让你的短视频吸引人，一个好标题是关键，那么如何写一个吸引人的短视频标题呢？有一个很好用的办法就是把目标人群具象化！比如："显瘦的穿衣效果"可以改为："110 斤以上的女性怎么穿显瘦！"；比如："为孩子的未来教育做好准备"可以改为"上幼儿园了，要准备好宝宝出国留学的学费"。**

另一条案例是关于短视频标题的干货分享，内容如下：

标题：**护肤小常识**

观点：**为什么干性肌肤比油性肌肤更容易衰老？**

原因解释：**衰老最明显的特征就是产生皱纹，皱纹是由于皮肤细胞水分流失，导致肌肤缺水，渐渐形成的。干性皮肤相较于油性皮肤缺水的速度更快，并且对紫外线防护能力较差，因此干性皮肤较容易衰老。**

这是笔者之前给某护肤品牌写的干货类文案，主要是从肌肤的结构及不同类型的肌肤护理的角度写的，这一系列的干货内容也比较受欢迎，很多做美容护肤的好友都来转载笔者的朋友圈文案。

### ▶ 8.4.3　产品类文案

产品类文案是朋友圈赢利依赖的源泉，可以说，我们做好所有的铺垫都是为了这一步，但朋友圈产品并不是你发得越多就卖得越好，而是要以分享的态度去发圈。当你的产品越来越好时，当你身边的人以及你的客户因为你的产品和服务越来越好时，你不需要过多推荐，自然会有人来找你咨询，你要做的就是打造好自己，服务好身边的人。

那么产品类朋友圈文案怎么写呢？这一小节笔者分享产品类文案可细分为四种类型，如图 8-13 所示，每一类型的文案都有写作模板公式。

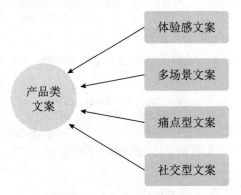

图 8-13　产品类文案的类型

**1. 体验感文案**

朋友圈卖货最重要的是卖货的人要自己体验，只有亲自感受好的产品，别人才会相信。体验感文案就是基于这个基础产生的，因此体验感文案也是朋友圈成交文案中最常见的一种文案形式，是你亲自使用过产品之后写出来的，真实可信。那么体验感朋友圈文案怎么去写，如果总结成模板是什么样，在使用模板的过程中又有哪些要点呢？这一小节笔者会详细地讲解。

（1）体验感文案的写作方法

体验感文案可以总结成模板：自己使用＋使用感受＋评论，在使用的过程中可以把模板拆解成表 8-2 所示的三个步骤。

表 8-2　体验感文案写作步骤拆解表

| 步　骤 | 内　容　要　点 | 目　　的 |
|---|---|---|
| 第一步 | 用一句话强调自己在使用这款产品 | 为了证明你是亲自在用该产品，文案写的是使用产品的真实的感受，而不是虚假的 |
| 第二步 | 写出使用的感受，可包括视觉、味觉、嗅觉等使用产品的具体的感官感受 | 让读到文案的人对产品产生兴趣 |
| 第三步 | 在评论区引导对方咨询下单，评论区可以加上产品价格、促销信息 | 引导用户私聊下单 |

（2）体验感文案模板案例展示

案例一：

"这个点好饿，幸好我备了××海苔，撕开袋子，拿起一片薄如蝉翼的海苔轻轻送入口中，香脆中带着淡淡的甜，混合着芝麻的香，在口腔内炸开慢慢融化，5 分钟就吃完了一袋，幸福感油然而生，意犹未尽，还想再来一袋，怎么办？"

评论区："这么好吃的海苔，你难道不想尝一口吗？"

这是笔者写的一篇 ×× 海苔的文案，运用了体验感的写法，是边吃边写的，写出来发在自己的朋友圈后，很多人都很喜欢这个文案，纷纷问笔者在哪里可以买到这款海苔。

案例二：

"今天用水霜搭配植物纤维膜布做三明治面膜，先把果冻状的水霜涂抹在脸上，冰冰凉凉能感觉到有水分在往皮肤里面渗，再把植物纤维膜布盖在脸上，最后再涂上一层水霜锁住水分！

伴着音乐躺下静静感受脸上的微妙变化，似乎听到了肌肤在咕咚咕咚地喝水，内心无比宁静，享受这一份独属于自己的静谧时光。"

评论区："这么好用的护肤品，你想体验一下吗？欢迎私聊我！"

这是笔者写的一篇护肤品文案，也运用到了体验感，让人看了之后特别想体验一下。

（3）体验感文案模板使用要点

写体验感文案的时候，有些产品可能会让人产生多种感受，有些产品可能只让人有一种感受，具体问题需要具体对待，并非所有产品都要通过视觉、味觉、嗅觉、心里感受等去描述一遍。

当然，每一个文案写作模板都不是万能的，体验感文案模板适用产品类型有美容护肤、美食、饮料、美妆、减肥等能够亲自体验的产品。

体验感文案模板公式：自己使用＋使用感受＋评论。

**2. 多场景文案**

什么是多场景呢？简单地说，就是把你的产品植入客户的生活中，让客户觉得这款产品自己买回来之后很多地方可以用得到，使用的频率非常高，自己非常需要，这也是写文案时经常用到的一种文案策略。那么，多场景文案能总结成什么样的模板呢？其又是如何运用呢？下面笔者带大家详细了解一下。

（1）多场景文案写作

多场景文案模板公式可以总结成：带有产品的场景一＋带有产品的场景二＋带有产品的场景三，在具体运用中可以分为如表 8-3 所示的三步。

表 8-3　多场景文案写作

| 步　骤 | 写作要点 |
| --- | --- |
| 第一步 | 先分析你的产品都具有哪些功能和作用，列出来，比如护肤品可以保湿美白、茶饮可以消暑解渴且提神、甜品温暖治愈等 |
| 第二步 | 根据产品的功能来设置用户使用的场景，可以尽量多列举几个 |
| 第三步 | 选出两到三个高频使用的场景，把产品非常自然地融入进去 |

（2）多场景文案模板运用

多场景文案模板究竟如何运用呢？我们来看几个案例。

案例一：

"早起为家人做早餐好辛苦，涂点水霜再开始吧，常做饭的不一定都是黄脸婆，你也可以是一个精致的主妇；

工作太忙没时间护肤？午休时间涂点水霜吧，起来后感觉自己换了一张脸，一下午都不用再为肌肤补水；

出门旅行不带护肤品肌肤受不了，带上护肤品瓶瓶罐罐好麻烦！试试水霜吧，一瓶多用，给肌肤补养，给旅行减负！"

这是笔者写的一条面霜成交文案，把客户想成一个朋友，根据这个产品可以随时随地使用的特点，植入客户生活的每一个场景中，让客户觉得这款面霜买回去之后可以在很多地方使用；买回去之后就不用再买其他护肤品了；买回去之后，生活都变美了。

案例二：

"又到了送礼高峰期，送钱太俗，送其他礼品体现不出档次。可以考虑品位和实用兼具的铁观音茶叶，包装精致，口感上乘，健康又有品位！

有朋自远方来，喝酒不安全，喝咖啡没诚意。带上珍爱的铁观音与好友品茗谈心，阳光暖暖日子缓缓。

冬日的午后，去书店太冷，在家读书容易犯困，泡一杯清香的铁观音，淡淡的茶香伴着浓郁的书香，满满的仪式感！"

这是笔者指导一位经销茶叶的客户写的朋友圈文案，也是运用了描绘产品使用场景的方法，当时恰逢新年前，文案就设置了过年送礼、和朋友聚会品茗以及自己一个人边读书边喝茶的场景，非常有画面感和场景感。这条文案当时帮这位朋友卖出去三单茶叶，总计赢利 6 万元。

多场景文案写作模板公式：带有产品的场景一 + 带有产品的场景二 + 带有产品的场景三。

### 3. 痛点型文案

在学习痛点型文案写作方法之前，我们可以思考一下，客户购买我们产品的原因是什么，客户究竟是要解决什么问题。比如，买洗衣液是不是因为衣服容易脏、清水洗不干净，所以要购买各种洗涤产品；客户买书籍、买课程的原因是什么呢？是不是因为想丰富自己的知识，让自己拥有更强的职场竞争力呢？这样一分析，你就会发现，客户购买产品主要是为了解决生活中的问题，让自己过得更好。

解决问题是雪中送炭，让自己更好是锦上添花，这两点就是解决痛点和满足需求，这也是广告行业经久不衰的文案策略——戳痛点，然后再给出解决方案。

这就是痛点型文案的逻辑和来源。下面，笔者详细讲解一下痛点型文案的写作方法及具体案例。

（1）痛点型文案的写作

痛点型文案的模板公式：用户痛点＋原因分析＋解决方案，在具体的创作过程中可以分成如表 8-4 所示的三个步骤。

表 8-4　痛点型文案的写作

| 步　　骤 | 写 作 要 点 |
| --- | --- |
| 第一步 | 找用户的痛点。要求对产品及用户非常熟悉，知道用户的痛点是什么 |
| 第二步 | 分析问题存在的原因，也就是为什么会出现这样的状况（如果产品是快消品就不需要这一步） |
| 第三步 | 给出你能解决的方案，最好带上步骤 |

（2）痛点型文案具体案例

痛点型文案究竟怎么写呢？这里笔者列举两个案例具体说明。

案例一：

**作为妈妈，你是否有这样的苦恼？孩子性格软弱、自理能力差，你很着急却无能为力？给孩子制定了规则他却不愿意遵守，说重了就哭，说轻了不管用。**这一部分是目标人群普遍存在的问题，是很多孩子的共性，也是作为妈妈想要解决又不知道怎么解决的痛点。

**不是你不努力，而是你的孩子没有经过专业的训练和培养。**用一句话简单解释孩子出现这种状况的原因。

**热血少年军事夏令营第七期即将开营，14 天还你一个热血阳刚守规则的少年，详询微信！**最后推出这个产品，给父母一个理想的效果，引导私信。

这是笔者曾为一家做少年军事夏令营的培训机构写的朋友圈文案，就是运用了"痛点＋原因＋解决方案"的模板公式创作的。

案例二：

**"朋友圈营销中，你一定遇到过这些问题？总被人拉黑，不知道如何写文案，朋友圈成了一潭死水，自己的朋友成了别人的代理！**

**那是因为你没有掌握朋友圈成交的底层逻辑，有这样一套系统你是否愿意试一下？给你文案模板，把产品代进去就能出单，给你文案思路，一款产品找出 8**

种让用户下单的理由，一种策略，照着步骤发圈，代理就自动咨询！"

这是笔者当时销售自己的课程时，写的一条朋友圈文案，也是运用了戳痛点的方法，指出了朋友圈营销中出现的问题，用这个文案分销价值 9.9 元的体验课，共有超过 2500 人付费听课。

痛点型文案写作模板公式：用户痛点 + 原因分析 + 解决方案。

### 4. 社交型文案

不知道你有没有发现，像"好老公都有这些品质""所有的男人欠你的妻子一句道歉""这几件事就能看出来他到底爱不爱你"这样的文章看起来一点也不高级，但是转发率都很高，为什么呢？因为写这种文章的人，在文章中融入了社交元素，他们写这样的文章不仅是给女性看的，也是为了让女性转发给自己的另一半看的，朋友圈文案创作就可以用这种方法创作社交型文案，这一小节主要讲解社交文案的写作方法。

（1）社交型文案创作

社交型文案写作的模板公式：曾经 + 如今 + 不是 + 而是 + 行动，具体的写作过程可以分为如表 8-5 所示的三个步骤。

表 8-5  社交型文案创作

| 步　　骤 | 步骤要点 | 要点分析 |
|---|---|---|
| 第一步 | 描绘出一种常见的矛盾场面 | 比如曾经逛街喜欢给自己买衣服，如今逛街只给你置办行头等 |
| 第二步 | 解释原因 | 怎么会出现这样的状况呢？其实背后是有原因的，这个原因都是出于爱，出于对你的爱或者对家庭的爱 |
| 第三步 | 呼吁行动 | 既然他 / 她舍不得买，那么你可以帮他 / 她买，可以用这个产品来回馈他 / 她的爱 |

通过以上三步，就可以写出一条适用于社交送礼时的社交型文案。

（2）社交型文案具体案例

为了便于大家理解，这里笔者列举两个案例，这两个案例都是写给男性朋友看的，确切地说是让女性朋友转发给自己的老公看的。

案例一：

"曾经购物她喜欢给自己买零食

如今逛街她喜欢给家里置办生活用品

不是她不再喜欢吃零食

而是为了这个家她戒掉了自己的爱好

七夕节已过半如果你还没有给她买礼物

可以找我买一束健康营养的海苔花来感谢她的辛苦付出

女人的要求不过是一个你用心记得

这一束简单的海苔花就让她每一次吃到都心花怒放"

这是笔者为一款海苔零食写的七夕情人节的文案，这篇文案就运用了社交型文案模板。

案例二：

"曾经购物她喜欢给自己买衣服

如今逛街她喜欢为你置办行头

不是她不再喜欢打扮

而是她把心思都用在了你身上

如果已经很久没有为她准备礼物了

可以找我买一套健康又舒适的内衣

感谢她为你的付出

女人的要求不过是你的一个用心记得

299 元送她一套内衣

让她每次穿上的时候都会想起你"

这是一位卖内衣的朋友用社交型文案模板创作的朋友圈文案，这样的文案是不是每读一次都会让你觉得很感动，想要为对方做点什么呢？

社交型文案模板公式：曾经＋如今＋不是＋而是＋行动。

## ▶ 8.4.4　晒单类文案

晒单类文案也是朋友圈文案中比较重要的一种文案类型，只有经常晒单，才能证明你的产品／项目受欢迎；有好评，才能为你的产品背书，继而带来更多的咨询和销售。但晒单不是简单的晒转账记录，它有很多方式，这一小节分享两种晒单类文案的写法，如图 8-14 所示。

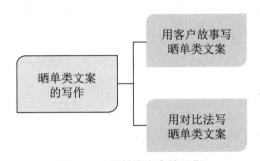

图 8-14 晒单类文案的写作

**1. 用客户故事写晒单类文案**

故事最能吸引人阅读下去，也容易让读故事的人有代入感，因此晒单类文案最常用的写作方法就是讲客户故事。客户故事晒单类文案可以总结成模板公式：结果 + 客户身份 / 故事 + 夸奖。

（1）客户故事晒单类文案的写作

客户故事晒单类文案的写作可以分为如表 8-6 所示的三个步骤。

表 8-6　客户故事晒单类文案写作

| 步　　骤 | 步 骤 要 点 | 举　　例 |
| --- | --- | --- |
| 第一步 | 开门见山地写出来结果 | 比如，用户买了你的产品，加入你的社群，或者给你介绍了新客户，夸奖你等，吸引人的注意力 |
| 第二步 | 交代客户的身份背景 | 比如，这个用户是什么身份，干什么的，有什么本领等，增加用户的真实性 |
| 第三步 | 夸奖客户 | 比如，夸奖客户有眼光、有格局、有想法等，这样的文案写出来，客户看到也会开心 |

（2）客户故事晒单类文案具体案例

为了便于大家理解，笔者分享两条自己曾经写过的真实案例。

案例一：收学员系列

"又是一位不等回复直接转账的学员，这是一名优秀的中医，可以根据你的舌头和手上的纹路判断你的健康状况！

她说即便身怀绝技，不会文案和宣传依然无法拥有想要的结果，果断加入我的会员群，学习用天赋创造财富！"

这是笔者会员群收到学员后写的一条晒单文案，赞扬了学员技术精湛又有前瞻性思维，一方面说明了笔者的会员群学员质量高，另一方面间接地夸赞了对方。

案例二：客户要宠粉

"可爱的客户看了我写的宠粉文章后复购两桶海苔送自己客户，这就是执行力和觉悟！这样的人生意会越来越好！

把自己认可的，客户需要的产品送给客户才是送礼的最高境界，这背后是对客户的细分和深度了解！"

这是笔者曾经写的海苔零食的晒单文案，也是运用了客户故事晒单类文案的写作模板。

客户故事晒单类文案模板公式：结果＋客户身份／故事＋夸奖。

**2.用对比法写晒单类文案**

如果直接说自己的产品有多好，可能客户不会相信，但是如果通过对比法，展示用户使用产品前后的对比、改变，就能吸引新的客户来咨询购买，因此，运用对比法也是晒单类文案写作中常用的一种方法，可以总结成模板公式：改变前的糟糕＋改变后的美好。

（1）运用对比写晒单类文案的方法

对比法是文案创作领域经久不衰的方法，写朋友圈晒单类文案的时候尤其好用。用这个方法写晒单类文案可以分为两步。

第一步，改变前的糟糕。也就是说，要写出没有使用产品、没有参加你的服务或项目之前的状态，比如，销售面膜的，可以说使用面膜之前肌肤干燥、起皮等；做咨询服务的，可以说在接受服务之前，焦虑迷茫、生活一团糟等。

第二步，改变后的美好。要写出使用产品或者接受服务后的改变，比如，使用面膜后皮肤水润通透，同事看见都夸她气色好；接受咨询后打通了卡点，理清了方向，瞬间感觉干劲满满。前后对比，效果一目了然，可以吸引同样想改变、想达到同样效果的客户。

（2）对比法晒单类文案具体案例

案例一：

"最新反馈，小仙女说生病几天，唇干撕裂的疼痛，用我家唇膏涂上去几分钟就缓解了。难道只有我觉得生病了还特别美吗？"

这是一条销售唇膏的晒单类文案，搭配使用产品前后的对比图，效果一目了然。有这方面痛点的客户会忍不住下单，因为他们想解决同样的烦恼，有图有真相，然后引导下单就非常顺利了。

案例二：

"依墨是一位优秀的情绪管理师，业务水平很好，帮助很多妈妈解开内心的结，走出焦虑，但是不知道怎么在朋友圈展示。今年三月份加入了我的会员群，努力学习积极实践，用温情的文字在朋友圈展示自己，每天都有订单，今天她说没聊过天的好友主动找她说喜欢她的朋友圈！"

这也是运用前后对比方法的招收学员的晒单类文案，配图是社群里面展示自己变化过程的截图，非常有说服力。

用对比法写晒单类文案的模板公式：改变前的糟糕 + 改变后的美好。

## ▶ 8.4.5 互动福利类文案

互动福利类文案也是朋友圈文案中比较重要的一种，是激活朋友圈好友，增加与好友之间链接非常重要的一种文案，那么，互动福利类文案怎么写呢？首先，互动福利类文案又可以细分为两类文案，如图 8-15 所示。

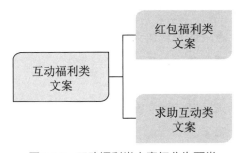

图 8-15 互动福利类文案细分为两类

**1. 红包福利类文案**

第一种是红包福利类文案，就是让大家参与某个活动并承诺奖励获奖者红包，可以总结成模板公式：事件描述＋福利承诺。

比如笔者曾经换微信头像的时候做过一次互动，文案是这样写的："**摄影师同事帮我拍了三组照片，每一组都很喜欢，究竟怎么选择呢？欢迎大家投票，根据照片所得票数选择，前五个入选的我会发红包，评论区补充点赞逢8也发红包。**"

当时，笔者微信中只有约1700个好友，但这条朋友圈发出后，不到4个小时，点赞和评论都破百了。这个模板公式很适合换头像换昵称或者是新产品上市的时候使用，点赞和评论同时进行，福利方面，并不要求一定是红包，也可以是产品小样等实物。大多数参加活动的人在意的并不是红包和礼品本身，而是那种被选中的幸运感。

红包福利类文案写作模板公式：事件描述＋福利承诺。

**2. 求助互动类文案**

第二种可以在朋友圈做的互动是求助互动。人的天性都是乐于帮助他人的，因此，朋友圈求助的互动文案通常都很受欢迎。这种朋友圈文案也可以总结成模板公式：遇见困难＋寻求帮助。

为了便于大家理解，这里笔者分享两个求助互动类文案的具体案例。

案例一：

"**最近坐车看手机，看一会儿就感觉晕得不行，谁能告诉我这该怎么破？**"

简简单单的文字，发完后放下手机休息了一会儿，三十分钟后再次拿起手机，满屏的评论，大家纷纷留言了各种建议。

案例二：

"**二货朋友和我打赌，说我发圈点赞和评论超过200，明天就请我去大理。老铁们，我能不能去大理就靠你们了！**"

这是一位好友发的求助互动类文案，也是很简单的文字，发完她的朋友圈就炸了，很快就满200个赞了。

求助互动类文案写作模板公式：遇见困难＋寻求帮助。

## 本章小结

1. 微信朋友圈具备承接私域流量、打造个人品牌、提供赢利渠道三个方面的商业价值。

2. 想要把自己的朋友圈打造成一个可以赢利的朋友圈"花园"，需要通过外部和内部两个方面去规划，其中外部可以通过微信昵称、微信头像、朋友圈封面图片这三个方面进行规划；内部主要是对发圈内容和发圈时间去做规划。

3. 打造一个可以卖货或者卖服务赚钱的朋友圈，需要经历被知道、被喜欢、被信任、被追随这四个阶段。

4. 想要打造一个既能让人喜爱又能帮你赚钱的朋友圈，要掌握生活类、干货类、产品类、晒单类和互动福利类这五种朋友圈文案的写法。

# 第9章

# 小红书：这样写笔记，篇篇都是爆款

小红书作为一个多为年轻人聚集的自媒体平台，用户数量和影响力都在不断地增长。自从"完美日记""花西子""谷雨"等品牌因为在小红书上爆红而被大众熟知后，越来越多的企业开始重视小红书的流量，并进驻到小红书上。同时，对于普通人来说，小红书也会带来巨大的商机：既可以通过打造小红书账号积聚自己的私域流量，也可以通过小红书来卖货或者接广告赚钱，还可以去给商家写小红书笔记赚稿费。本章主要分享如何做小红书内容策划、怎样打造吸睛小红书封面、小红书标题及小红书爆款笔记的写作方法四个方面的内容。

## 9.1  爆款基础：三步做好小红书的内容策划

想要写出爆款小红书笔记，内容策划至关重要，那么，如何做好小红书的内容策划，打好爆款基础呢？可以按照找内容定位、做内容延伸、结合热词做好日常内容三个步骤，如图 9-1 所示。

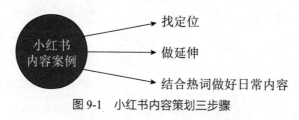

图 9-1  小红书内容策划三步骤

### ▶ 9.1.1  结合平台的热门内容和自己擅长的领域，找到内容定位

想要做好小红书账号，首先要对账号的内容进行定位，即做什么样的内容。美妆、旅游、美食、穿搭、宠物……这个问题，在发布内容之前，就要想清楚。

当然，也有一部分人会比较迷茫，不知道做什么内容，如果遇到这种情况，可以结合平台的热门内容和自己擅长的领域，找到内容定位。

这里，笔者以一位有过同样困惑的朋友举例。这位朋友是开茶园的，自己考了茶艺师、茶叶品鉴师等职业证书，她想在小红书上卖自家茶园的茶叶，比如，福鼎白茶、铁观音等，但她不知道怎么开始，想让笔者帮她梳理小红书账号定位。

笔者根据她的目的，先对她的自身特点进行了分析，发现她做小红书其实有很多优势。如图 9-2 所示，她家里有茶园，无论是价格利润还是自己拍短视频做内容都有别人所不具备的好条件，同时她自己对茶文化也比较感兴趣，还专门学习考取了各种与茶相关的职业证书，可以说对于茶叶的生长过程和制作工艺了如指掌，关于茶叶的历史、功效分类及品茗的礼仪也是了然于胸。

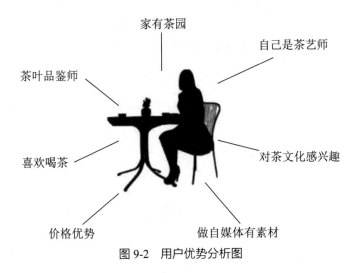

图 9-2　用户优势分析图

那么，她用自己的真实人设来开一个茶叶类账号再合适不过了。如果开了这样的账号，具体发布什么内容，做哪些选题呢？我们在小红书的首页搜索茶叶，按照热度排名，发现数据比较好的四篇笔记，如图 9-3 所示，两篇是茶叶干货知识，一篇是关于茶叶蛋的内容，还有一篇内容是茶具的清洗。

根据她的优势和小红书茶叶类的笔记数据，最后帮助这位朋友确定了小红书账号的内容定位：用自己的真实人设去分享茶叶类的干货知识，同时结合自身经历、茶园优势，讲述自己和茶的故事。关于她的小红书账号内容的定位过程，拆解如表 9-1 所示。

图 9-3　小红书首页搜关键词"茶叶"

**表 9-1　小红书账号内容定位过程**

| 目　的 | 自身优势分析 | 搜索关键词"茶叶" | 确定内容定位 |
|---|---|---|---|
| 通过小红书精准引流，推销自家茶叶 | 家有茶园，知茶懂茶，拥有茶艺师、茶叶品鉴师职业证书 | 数据好的四篇笔记，两篇是茶叶干货知识，一篇写茶叶蛋，一篇写茶具清洗 | 结合自己真实人设，分享茶叶干货知识以及自己与茶的故事 |

## ▶9.1.2　根据内容定位，做好内容延伸

做好了内容定位，就意味着有了大致的方向，那么接下来该如何产生源源不断的内容呢？这时候，可以进入第二步：根据内容定位，做好内容延伸。什么是内容延伸呢？其实就是让内容这棵大树"开枝散叶"。

比如护肤类的账号，就拿面膜品类来说，可以从功能方面去讲解补水、抗敏、紧致面膜的挑选方法；还可以从面膜材质方面去讲蚕丝面膜、无纺布面膜、植物纤维面膜的区别；也可以从使用场景方面去分享急救面膜、补水面护、睡眠面膜的不同。

如果是穿搭号，可以从生活场景方面去分享出游、职场、约会着装的穿搭攻略；从风格方面去分享运动风、性感风、甜美风、日系穿搭的案例；也可以从社会身份视角分享白领、学生党、宝妈等不同人群的穿搭案例，如图 9-4 所示。

穿搭分享-如果只能选一
条裤子 黑裤子是必选
♡ 472

穿搭分享-早秋简约轻欧美
运动裤的一周穿搭 运动...
♡ 4万

穿搭分享-可甜可盐的小姐
姐减龄西装穿搭 可甜可...
♡ 891

图 9-4　穿搭账号内容延伸

美妆号可以做的内容延伸就更多了，比如最简单的美妆教程方面的延伸，还
有各种美妆工具的延伸以及十分钟快速出门妆、精致约会妆、烟熏妆等使用场景
方面的延伸，如图 9-5 所示。

保姆级新手眼影教程 拿
去吧你！
♡ 7.5万

芜湖～神仙美甲片合集来
啦！！！
♡ 5万

上学通勤新手友好的十分
钟快速出门妆容
♡ 4.5万

图 9-5　美妆账号内容延伸

为了便于大家理解，笔者以护肤、穿搭、美妆三个领域内容延伸做了一个整合，如表 9-2 所示，仅供参考。

表 9-2　小红书账号内容延伸表格

| 账 号 定 位 | 内 容 延 伸 |
|---|---|
| 护肤 | 功能：补水、紧致、抗敏等 |
| | 材质：蚕丝面膜、无纺布面膜、植物纤维面膜等 |
| | 场景：急救面膜、常规补水面护、睡眠面膜等 |
| 穿搭 | 场景：出游穿搭、办公室穿搭、约会穿搭等 |
| | 风格：运动风穿搭、性感风穿搭、甜美风穿搭、日系穿搭等 |
| | 分类：职场女白领穿搭、学生党穿搭、宝妈穿搭等 |
| 美妆 | 教程：保姆级新手化妆教程、唇妆教程、眼妆教程等 |
| | 工具：绝美美甲片、化妆工具合集、化妆刷合集等 |
| | 场景：十分钟快速出门妆、精致约会妆、烟熏妆等 |

如表 9-2 所示，以护肤账号、穿搭账号和美妆账号为例，你会发现，只要做好内容延伸，就可以产生源源不断的选题和内容。

### ▶ 9.1.3　结合热门关键词，做好日常的内容选择

做好了内容的延伸，就有了很多可以写的内容，但应该先写什么呢？这就到了第三步：结合热门关键词，做好日常的内容选择。所谓热门关键词，是指小红书上搜索量非常高的词语。当我们在小红书首页的搜索框搜索内容定位的关键词时，下面会出现近期热门的关键词，这些关键词自带流量，如果你的笔记里带有它们，会更容易被用户搜索到，进而更有可能获得平台的推荐。

比如，搜索关键词"减肥"，就会出来图 9-6 所示的饮食、开学前减肥等词语，这些就是减肥的热门关键词，如果你是做减肥产品的，可以结合这些热门关键词做出日常的内容选择，发布含有这些关键词的笔记，这样获得平台推荐的机会就更大，你的笔记就有可能成为爆款。

比如，内容定位是穿搭，在首页输入关键词"穿搭"，会出现十几个相关词语，有贴合季节热点的，有风格类型的，这些热点关键词可以帮我们选出日常可以发布的内容。

如果通过首页搜索，你依然无法确定选择哪些关键词，这时候可以到小红书的笔记灵感去寻找关键词。

图 9-6　关键词"减肥"搜索结果

笔记灵感是小红书官方为小红书博主提供创作灵感的一个板块，目前涉及活动、推荐、户外、校园、职场、生活碎片、时尚、美食、兴趣、分享这十个方面的内容。博主根据自己的领域点击相应的内容，就能看到小红书官方给到的热门选题，根据这些选题进行创作，还会获得小红书官方的流量奖励。

具体的操作步骤是，打开小红书左上角三条线的图标，然后点击"创作中心"向下滑动就可以看到"笔记灵感"，如图 9-7 所示。

图 9-7　小红书笔记灵感页面

## 9.2 爆款搭配：做出一张吸睛的封面图

做好小红书的内容策划，就明确了一篇笔记的内容写什么。如何让我们写的内容更加受人关注，能够第一时间被目标用户看到，并且愿意点击进去浏览呢？这就要求我们做好小红书的封面图。因为在小红书首页，你几乎看不到完整的标题，也看不到笔记的具体内容，你一眼看到的是封面图。

封面图在小红书笔记里作用很大，可以说封面图是否吸引人，一定程度上可以决定笔记的点击率和浏览量。本节笔者带大家了解如何做一张吸睛的封面图，主要涉及小红书封面图的特点、小红书封面图设计思路及小红书封面图文案的写法。

### ▶9.2.1 爆款笔记封面图的三大特点

作为吸引人第一眼点进去看的小红书封面图，一般来说，应有真实可信、美观大方及图文相符这三个特点，如图9-8所示。

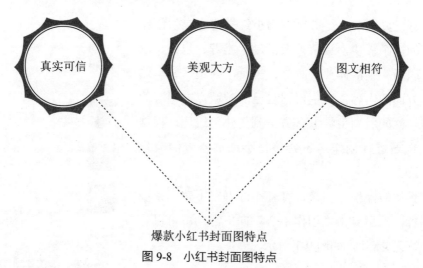

爆款小红书封面图特点

图9-8 小红书封面图特点

#### 1. 真实可信

小红书作为一个分享平台，不喜欢过于营销的内容，因此，小红书上的封面图大多是真人出镜、真实的产品实拍图或者产品使用体验图。用户可以看到产品的细节，这样的图片能让用户相信这款产品你真的购买并使用了，你分享的是你自己真实的使用感受。

如果去小红书搜索，就会发现好物分享的账号，点赞和收藏高的封面图一般都能看到真实的产品细节，如图 9-9 所示。比如面膜，图片是真人敷面膜的情景；沐浴露的封面图也是人手拿着产品的情景。一些产品摆拍图或者背景过于高大上的图片，效果反而不会太好。

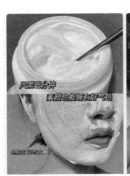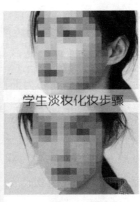

图 9-9　小红书封面图实例

### 2. 美观大方

每个人都喜欢美好的东西，都容易被美好的东西所吸引，虽然小红书上的封面图大多都是实拍图，但也不是随随便便拍的。仔细观察便会发现，大多数点赞和收藏高的封面图，无论是人像还是产品图，看起来都美观大方，很有设计感，清晰度也很高，给人一种赏心悦目的感觉。

### 3. 图文相符

小红书封面图的第三个特点是图文相符，也就是图片和笔记的内容是一致的。模特或产品和图片上的文字、笔记的内容相符合，比如，沐浴露的笔记，封面图就一定是沐浴露的照片。

## ▶9.2.2　三种思路设计出吸睛封面图

每个平台都有自己的特点和个性，知道了小红书封面图的特点，如何设计出符合平台要求、被用户喜欢的封面图呢？这一小节分享三种设计吸睛封面图的思路，如图 9-10 所示。

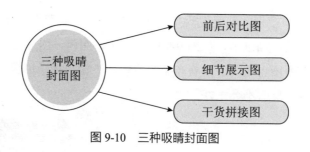

图 9-10　三种吸睛封面图

### 1. 前后对比图

前后对比图是小红书封面图最常用的一种形式，也就是图片直接展示使用产品前和使用产品后的对比。尤其是减肥类的笔记封面，把减肥之前身材臃肿的图片和减肥后又瘦又美的图片进行对比，再配合数字（体重）的变化，立马激起小红书的用户点进去阅读的欲望。图 9-11 所示为减肥类笔记封面图。

还有一些美白产品，也适用肤色前后对比的图片，做封面也很吸引人。尤其是美妆博主，相同的一个人妆前和妆后判若两人，图片形成巨大的反差，让人忍不住想进去看看是如何操作的。

### 2. 细节展示图

第二种思路是设计细节展示图，因为细节更加真实更能吸引人，如图 9-12 所示，分享美食的封面图，也是采用局部放大，展示细节的手法，让人看了更有食欲。很多美妆博主也会采用这种方法，比如眼妆教程的封面图，图片就会把眼睛局部放大，让人看到细节。

### 3. 干货拼接图

第三种思路是把步骤、方法、攻略等干货，合集拼接成一张图，这样的图可以把笔记中要表达的重点内容全部聚集在一张图上，会给人一种收获满满的感觉，让人不仅想点进去浏览，还想立马收藏，如图 9-13 所示。

减重40斤、体脂下降11点干货！
附一周运动计划 …

♡ 1.2万

图 9-11　小红书减肥类笔记封面图

我怎么才发现这个做法！！巨巨好吃😋

今天给大家分享一款超🔥入口即化的甜品🍮——烤牛奶
外焦里嫩，奶香浓郁，口感超丝滑，喝不完的牛

❤ 1.5万　⭐ 1万　💬 386

这个巧克力雪糕能处！一口入魂……

最近和室友疯狂迷恋钟薛高家的丝绒可可！
巧克力味贼贼浓厚！入口即化！！
一口下去 冰冰凉凉的 很丝滑！

❤ 6189　⭐ 995　💬 613

图 9-12　小红书封面细节展示图

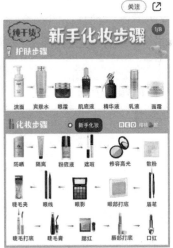

减肥低脂低卡食物🔥低热量食物热量表

夏天马上要到了，我又要严格控制饮食了。找到
合适的食物，才能越吃越瘦。这几天给大家整理
了一些减肥干货，减肥期间需要用到的食物表。

❤ 2.5万　⭐ 2.4万　💬 2490

干货|新手化妆步骤详细版——一看就会💚

新手化妆如何入门?🎨新手化妆步骤适用于初学
者,刚开始学化妆的时候可能会走入误区。所以给大
家罗列了一些步骤,欢迎美妆达人的补充哦。🙌

❤ 15万　⭐ 12万　💬 1502

图 9-13　干货拼接封面图

### ▶ 9.2.3　三个技巧，让封面图的文案也吸睛

小红书的封面图大多是带有文字的，这些文字用得好，会让封面图展示的信息更加清晰、吸睛。本小节主要讲三个让封面图文字吸睛的技巧，如图 9-14 所示，分别是巧用数字展示效果、借用夸张的修辞手法及直接说出产品利益点。

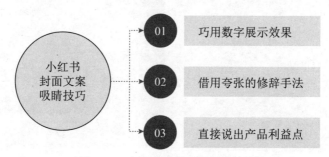

图 9-14　小红书封面文案吸睛技巧

**1. 巧用数字展示效果**

巧用数字写封面图文案，方便展示产品使用效果，因为数字比较容易记忆，也更能吸引人点击阅读。比如，有篇减肥产品的爆款笔记，封面图文案是"**过年7 天快速少 10 斤**"，图片搭配了前后对比的 128 斤和 118 斤，数字给人一种具体的效果感，很容易吸引想要减肥的小红书用户。数字封面文案如图 9-15所示。

**2. 借用夸张的修辞手法**

借用夸张的修辞手法写封面图文案，如图 9-16所示，这是小红书上两款护肤产品的封面图，左边图片文案"**脸像喝了一吨水！敷一次顶 10 次面膜**"，看起来很夸张，但是很有画面感；右边图片的文案"**嫩成高中生耶**"，虽然我们也知道产品效果再好也不可能逆转年龄，嫩成高中生，可这个夸张的写法，一下就吸引住了浏览者的目光，配上下文的"**去黄！提亮！全脸无死角**"，让读者立马就知道了产品的优势和效果，让人更想点进去浏览笔记。

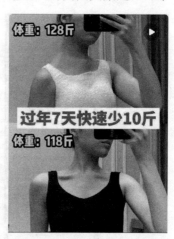

图 9-15　小红书减肥笔记封面图
文案

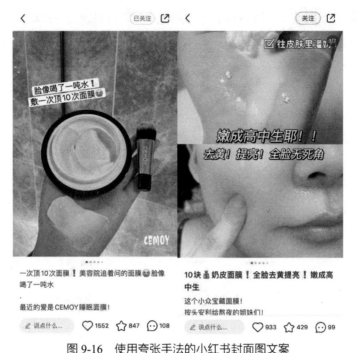

图 9-16　使用夸张手法的小红书封面图文案

### 3. 直接说出产品利益点

直接说出产品利益点，也就是直接在图上用简单的文字说明你的产品是干什么的、有什么功效，用户觉得自己需要就会点开浏览，如果不是自己需要的就直接跳过，可以更快地吸引目标用户的目光。

如图 9-17 所示，面膜封面图文案"**修护补水！脸嫩到打滑，爆皮卡粉救急！熬夜黄脸婆救星！**"，把产品带给用户的受益点写得非常清楚，如果你是肌肤缺水卡粉、经常熬夜肤色暗淡的女生，是不是就很想点进去看看呢？

另外一个美妆种草号的小红书封面图文案写的是："**跟着雯姐湿敷，毛孔也变太小了**"，让你一下就明白了这个产品是收缩毛孔的。那些一直被毛孔粗大问题困扰的人是不是就想点进去看看要怎么"湿敷"了呢？

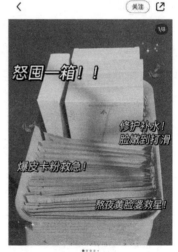

图 9-17　直接说出利益点的封面图
文案

## 9.3 爆款标题：写小红书标题特有的四个技巧

想要小红书笔记吸引更多人点开，除了封面图外，拥有一个吸引人的笔记标题同样重要。怎样写出吸引人的标题呢？这部分内容在本书第五章搭建文章框架里就分享过，这一节主要分享针对写小红书标题特有的四个技巧，如图 9-18 所示。

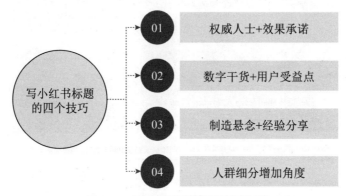

图 9-18　写小红书标题的四个技巧

### ▶9.3.1　权威人士 + 效果承诺

"权威人士 + 效果承诺"就是标题里面含有权威人士（比如明星、专家、专业人士等）的背书，同时给到用户效果承诺，即用了这个产品，你会怎样，可以解决你的问题或是让你变得更好，如更美、更瘦、更白等，如表 9-3 所示。

表 9-3　权威人士 + 效果承诺标题分析

| 账 号 类 型 | 标　　题 | 技 巧 分 析 |
|---|---|---|
| 美妆类 | 大明星同款，夏日定妆大法，脱妆是不存在的 | 借用了明星的权威，同时给用户承诺，这个定妆粉不会脱妆 |
| 护肤类 | 偷来柜姐定妆手法，眼下卡干纹，我膝盖跪破 | 借助专业人士柜姐的权威，同时给用户承诺眼下不会卡干纹，更有说服力 |

### ▶9.3.2　数字干货 + 用户受益点

"数字干货 + 用户受益点"就是先用数字吸引用户注意力，同时降低难度，再告诉用户，学了这个知识、拥有了这款产品或者掌握了这个技能能给自己带来什么收获，有什么实际的好处，如表 9-4 所示。

表 9-4　数字干货＋用户受益点标题分析

| 账号类型 | 标题 | 技巧分析 |
|---|---|---|
| 美妆教程 | 6 种眼线＋眼睑下垂画法，改变眼形，放大眼睛 | "6 种眼线＋眼睑下垂画法"是数字干货，用户受益点是"改变眼形，放大眼睛" |
| 好物种草 | 3 步搞定全身美白，从头白到脚趾尖 | "3 步搞定全身美白"是数字干货，"从头白到脚趾尖"是带给用户的受益点 |
| 知识付费 | 7 个神仙工具，让你提升文笔写出爆款文章 | "7 个神仙工具"是数字干货，"让你提升文笔写出爆款文章"是带给用户的受益点 |

## ▶9.3.3　制造悬念＋经验分享

如果你的小红书做的是个人成长类、学习技巧分享类账号，在写标题时，也可以采用"制造悬念＋经验分享"的形式，来拉近博主和用户之间的距离，如表 9-5 所示。

表 9-5　制造悬念＋经验分享标题分析

| 账号类型 | 标题 | 技巧分析 |
|---|---|---|
| 个人成长 | 自卑又自负，我是如何走出困境的？ | 吸引在困境中挣扎想要突破自己的人去点开看看故事和技巧 |
| 个人成长 | 停止内耗后，我的人生开挂了！ | 吸引那些在内耗中纠结止步不前的人去吸取经验和教训 |
| 学习分享 | 如何从英语很差，到英语很厉害？ | 对想学习英语的人群具有吸引力 |

## ▶9.3.4　人群细分增加角度

俗话说"物以类聚，人以群分"，很多小红书笔记只是针对某一种人的，因此小红书标题也有以人群的细分，增加角度的特点，这种细分可以按照用户的身份、年龄、职业，也可以按地域等细分，如表 9-6 所示。

表 9-6　人群细分的标题分析

| 按身份细分 | 按地域细分 | 按结果细分 | 按品牌细分 |
|---|---|---|---|
| 学生党必备好物 | 重庆攻略，三天两晚玩转重庆 | 让人欲罢不能的学习方法 | 兰蔻粉底液哪款最好用？ |
| 文笔不好的人，建议你收藏这 7 个自动写文案网站 | 云南必去的 10 个网红打卡点 | 让男友眼前一亮的校园风穿搭 | 海蓝之谜哪些产品值得购买？ |

续表

| 按身份细分 | 按地域细分 | 按结果细分 | 按品牌细分 |
|---|---|---|---|
| 宝妈轻松带娃的 3 个方法 | 西安本地人常去的 10 个美食餐厅 | 自律一年后，我变成了大家羡慕的样子 | 完美日记测评，哪些单品真的值得买？ |

## 9.4 爆款模板：两大模板轻松写出爆款笔记

如果说小红书笔记的封面图和标题决定了用户的点开率，那么小红书正文的内容就决定了用户的留存率和阅读时长，以及用户愿不愿意去购买产品或者咨询服务。想要写好小红书笔记内容，先要明白小红书笔记大多数是以分享生活、分享干货为主，所以我们写出来的笔记也应该以分享自己的感受、经验为主，而不能写成硬广告类型的卖货文案，并且小红书也不允许在笔记中加入过于营销的词汇以及非常明显的广告引导等。

那么如何在遵循小红书规则的情况下写出吸引用户的爆款小红书笔记呢？这一小节主要分享小红书平台最常用的两种笔记形式，即好物分享类笔记的写法和干货合集类笔记的写法。

### ▶9.4.1 好物分享笔记的写作

好物分享是小红书上比较常见的一种笔记形式，想要写好一篇好物分享笔记，其实只需要记住并熟练掌握图 9-19 所示的四个步骤就可以。为了便于大家的理解，笔者以一款洗发水写作笔记为例来拆解这四步。

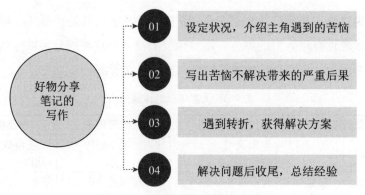

图 9-19 好物分享类笔记的写作

### 1. 设定状况，介绍主角遇到的苦恼

好物分享笔记写作的第一步是设定状况，介绍主角遇到的苦恼。讲故事需要有主人公，小红书笔记里面的主人公一般都是博主自己，讲故事之前需要做好铺垫，先设定一些状况，介绍自己目前的状况及遇到的苦恼，也可以理解为交代背景。

比如，我们要给大家介绍的是一款控油洗发水，那就可以说，我是一名爱漂亮的小姐姐，但是最近发现头发经常出油，这让我很苦恼。

### 2. 写出苦恼不解决带来的严重后果

好物分享笔记写作的第二步是要写出苦恼不解决带来的严重后果，这种苦恼不只当下让人痛苦，甚至还会越来越严重。比如头发出油，让你觉得很苦恼，这种苦恼不解决，会带来的严重后果是"**明明每天早上都洗头，下班时头发却一缕一缕地贴在头皮上，约个会还得去理发店先洗个头，费钱不说，还经常把妆容搞花，非常尴尬。**"

### 3. 遇到转折，获得解决方案

好物分享笔记写作的第三步是遇到了转折，获得了解决方案。也就是说这个苦恼影响了自己的生活，为了改善这种状况，苦苦寻找方法，结果无意间遇见了一款产品或者别人给你推荐了某个解决方案，你开始去尝试。

这个阶段，你可以说在小红书上看到一款宝贝，或者闺蜜推荐给你一款洗发水，说她自己用起来很好，让你也试试，总之就是让产品顺其自然地出现，你抱着试一试的态度开始体验。很多人在这一步习惯性地开始写产品的特点和卖点，其实这里更适合写的应该是产品的使用感受，比如洗发水的包装、质地、气味，以及使用效果，使用前后的对比等。

### 4. 解决问题后收尾，总结经验

好物分享笔记写作的第四步是解决问题后收尾并总结经验。也就是说这款产品解决了你的苦恼，现在想分享出来，帮助更多姐妹们，如果她们也有同样的苦恼，可以尝试使用一下这款产品，用含蓄的引导来收尾。

为了便于大家更好地理解，笔者用小红书上一款减肥产品的爆款笔记来对以上四步进行详细拆解，如表 9-7 所示。

表 9-7　小红书好物分享笔记案例拆解表

| 项　　目 | 内　　容 | 文案技巧解析 |
| --- | --- | --- |
| 产品 | 一款减肥产品：热控片 | |
| 封面文案 | S 码的裤子随便穿，我姐妹都羡慕哭了，真没节食 | 直接说出利益点 |
| 标题 | 减肥管不住嘴就吃它，不节食也有女团腰 | "权威认识＋效果承诺"的标题套路 |
| 第一步：设定状况，介绍主角遇到的苦恼 | 减肥管住嘴真的太难了，越减越想吃 | 设定状况，介绍自己的苦恼，就是想减肥但是管不住嘴 |
| 第二步：苦恼不解决的严重后果 | 克制了，真怕自己暴饮暴食 | 这种苦恼不解决，可能会给自己带来暴饮暴食的严重后果 |
| 第三步：遇到转折，获得解决方案 | 还好跟小红书姐妹种草了大餐救星，现在 S 码的裤子随便穿，我姐妹羡慕哭了。minayo 热控片吃了两个月了，产品从跨境电商渠道购入，姨妈也都正常才敢推荐给我姐妹，前段时间旅游大吃大喝一星期，回来一看竟然没有长胖。它里面成分很简单，主要是黑生姜提取物，可以增强对葡萄糖和脂质的代谢！<br>还有一个非常重要的成分，白芸豆提取物，减肥的姐妹应该都知道这个，它提取的 a 淀粉酶具有减肥的功效哦 | 在小红书上发现了这个热控片，这个产品非常好，自己吃了之后很有效果，成分安全，适应于各种场景 |
| 第四步：解决问题后收尾，总结经验 | 真的很适合像我这种偶尔聚餐怕长胖，或者爱吃淀粉碳水的，减肥期的宝子可以用它辅助瘦身！<br>大餐前半小时吃 1 包！有了热控片真的很安心！ | 总结出来，这款产品的适用人群是偶尔聚餐怕长胖或者爱吃淀粉碳水的人，进行间接推荐 |

## ▶9.4.2　干货合集笔记的写作

干货合集也是小红书里面非常受欢迎的一种笔记形式，并且特别容易出爆款。只要掌握了方法，干货合集类笔记是非常好写的，这种笔记由痛点开头、并列或递进法写内文和结尾简单引导三个部分组成。

### 1.痛点开头

写干货合集笔记第一步就是要找到用户的痛点。你提供的干货合集，一定是用户在现实中遇见了某种无法解决的困扰才愿意去看。比如你提供的是护肤步骤，那么开头就可以写用户在护肤过程中经常会遇见的一些困扰和问题；你提供的是书单，那么开头就可以写用户在选书和读书的过程中遇到的痛点和问题。

## 2. 并列或递进法写内文

内文是干货合集里面最核心的部分，也就是针对开头的痛点提供的解决方案，可以采用并列法或者递进法去写。如果给到的解决方案是并列关系就用并列法，如果解决方案是环环相扣的就用递进法去写。不过为了让内容看起来更加丰富，小红书上用得比较多的是并列法。比如治愈焦虑的书单，每一本书之间都是并列关系；还有一些产品测评合集，像口红、眼霜等基本上都是同类型的，因此都采用并列法。

为了观感更好，干货合集的内容也可以设计成图片的形式发布在图片区。

## 3. 结尾简单引导

第三个步骤是结尾一两句话的简单引导，可以引导关注点赞，也可以是金句的形式结尾。

## 4. 干货合集笔记具体案例

为了便于大家理解，笔者用自己小红书上一篇浏览量 30W，赞藏量近 9W 的爆款干货合集来给大家进行案例拆解，如表 9-8 所示。

表 9-8　小红书干货合集笔记案例拆解表

| 项　目 | 内　容 | 文案技巧解析 |
| --- | --- | --- |
| 笔记类型 | 工具干货合集 | |
| 封面文案 | 文笔不好的人，建议收藏一下这 7 个网站 | |
| 标题 | 超级干货，7 个神仙工具让你写出爆款文案 | 用"数字+用户受益点" |
| 第一部分 | 你埋头苦写的文章数据平平，不由感叹为什么别人的文章和视频总能踩中热点，总有丰富的素材，精彩的故事，恰到好处的幽默和哲理，还有琅琅上口的金句？也不知道自己多久才能练出这样的文笔？我想说人的记忆力是有限的，但是我们可以借助一些网络工具来提升文笔。今天分享我在文案写作时用到的 7 个网站，先点赞收藏。从热点到选题，从搭建框架到丰富内容、润色修改都能用到，还可以用来写公文、感悟、心得等，让文案小白也能轻松写出爆款文案 | 指出大部分人在写文章的过程中遇到的痛苦和困扰，想提升文笔想写爆款文章又不知道如何去写，顺带引出要分享的干货 |
| 第二部分 | 一、找选题，用新榜，各个自媒体平台上每日 10W+ 的内容账号排名都能看到……<br>二、做内容，用内容神器，除了汇集各大自媒体平台热点、热词、前沿资讯外……<br>三、找观点，用读写人，汇集全网最新优质书评…… | 内文就是提供给小红书用户的干货合集，这里笔者采用的是并列的方式撰写，并设计成了 7 张图片，便于用户阅读收藏 |

续表

| 项 目 | 内 容 | 文案技巧解析 |
|---|---|---|
| 第二部分 | 四、找故事，小故事网，无论是文案还是视频，能讲故事就不要讲道理…… <br>五、找金句，句子控，想要文案和视频出彩，金句不能少，句子控汇集名人名言…… <br>六、找范文，随笔网，汇集了各种原创随笔…… <br>七、找趣梗，小鸡词典，可以快速查询网络用语，迅速学习各个圈子的新词趣梗和小众黑话…… | 内文就是提供给小红书用户的干货合集，这里笔者采用的是并列的方式撰写，并设计成了7张图片，便于用户阅读收藏 |
| 第三部分 | 我是文案人夏晓墨，分享文案干货也分享副业赚钱，如果觉得本期内容有用，点赞收藏，更多精彩内容点击上方头像关注查看 | 这一部分是结尾，简单引导，引导用户关注点赞 |

## 本章小结

1. 做好内容策划是小红书爆款笔记的基础，做内容策划可以分为找内容定位、做内容延伸、结合热词做好日常内容三个步骤。

2. 在小红书笔记中，封面图片起到了至关重要的作用，小红书爆款笔记的封面图片具有真实可信、美观大方及图文相符这三个特点。

3. 想要设计出吸睛的小红书封面图片，可以采用前后对比图、细节展示图和干货拼接图这三种设计思路。

4. 想要做出吸睛的小红书封面，文案的作用不可小觑，封面图文案可以采用巧用数字展示效果、借用夸张的修辞手法及直接说出产品利益点这三个技巧。

5. 写小红书标题的时候可以使用：权威人士＋效果承诺、数字干货＋用户受益点、制造悬念＋经验分享、细分人群增加角度这四种技巧。

6. 小红书笔记中常见的形式有好物分享类笔记和干货合集类笔记。

7. 写好物分享类笔记时可以拆解成：设定状况介绍主角遇到的苦恼、写出苦恼不解决带来的严重后果、遇到转折获得解决方案、解决问题后收尾并总结经验这四个步骤。

8. 写干货合集类笔记时可以拆解成：痛点开头、并列或递进法干货内文、简单引导结尾三个步骤。

# 第 10 章
# 短视频文案：想做短视频，照着套也能火

2023 年 3 月 29 日，被誉为中国网络视听行业风向标的《中国网络视听发展研究报告（2023）》在成都发布。报告显示，截至 2022 年 12 月，中国网络视听用户规模同比增长 4.94%，高达 10.4 亿人，超过即时通信用户的 10.38 亿人，是第一大互联网应用类别。其中短视频用户规模增长至 10.12 亿人，同比增长 7770 万人，在整体网民中的占比为 94.8%。短视频用户的人均单日使用时长为 168 分钟，超过 2.5 个小时。

可以说短视频已成为企业和个人塑造品牌、宣传产品最重要的自媒体渠道。但同样是做短视频，为什么有些短视频账号有几十万乃至上百万的粉丝和点赞，有些短视频内容浏览量和点赞量却始终是个位数呢？这取决于账号规划和内容设定。那么，如何做好短视频内容呢？这一章主要从高赞短视频脚本的两大共同特征入手，分析新手做短视频时常见的困惑并提出解决方法，同时分享 3 个脚本创作模板，让普通人也能轻松上手做出爆款短视频。

## 10.1　高赞短视频的两大共同特征

当我们浏览短视频的时候，会发现同样是短视频，有些短视频让人忍不住反复浏览，甚至还想收藏起来重复去看，另外一些短视频却没法激起浏览和收藏的欲望。都说人只对与自己相关的事情感兴趣，其实看短视频也是一样的，仔细研究那些数据较好的短视频就会发现，这些短视频的脚本都有如图 10-1 所示的两大共同特征。

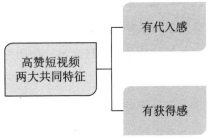

图 10-1　高赞短视频的两大共同特征

### ▶10.1.1 有代入感

高赞短视频的第一个特征是有代入感，能够调动用户的情绪，让用户跟着内容去笑、去哭，让用户感同身受、完全沉浸其中，其浏览短视频的时候，想起了自己的某些经历，甚至感觉自己就是短视频中的人物，说的就是自己，忍不住想点赞转发。如果你的短视频能达到这样的效果，那么就离高赞不远了。

### ▶10.1.2 有获得感

高赞短视频的第二个特征是让人有获得感，也就是说用户看了短视频有所收获，认识到自己知识的盲区从而学到某项知识、学会某个技能、懂得某种人生哲理、掌握一项说话办事的技巧等；哪怕纯粹为了解压，放声大笑也是一种收获。如果一条短视频在有代入感的同时还能给用户带来收获，这就是一条有价值的短视频，那么这条短视频的数据一定不会差。

### ▶10.1.3 高赞短视频具体案例

为了便于理解，下面笔者用两个高赞短视频脚本来进行案例拆解。

案例一：

"等红灯的时候，看到楼下一个女孩在发传单，我猜她是第一次做这份工作，整个人看上去都怯生生的！我把车停到路边的车位上，换上平跟鞋跑到她身边说，我帮你发传单吧！发传单，那可是我的绝活。15 年前在报社上班，每个人都有上街发报纸的任务，一个人不要，发下一个，他翻个白眼，我给个笑脸，别人不耐烦，我就给足耐心，总有发完的时候吧！世界上绝大多数人的起点都不高，穿高跟鞋的资格，那得用穿平底鞋的努力去交换。小姑娘，我们都是这样走过来的，没什么不好意思，加油！"

这是著名作家李筱懿的一条短视频脚本，这也是一条爆款视频，对这条短视频脚本进行分析，发现其有自己的特征，如表 10-1 所示。

表 10-1　短视频脚本案例拆解 1

| 内 容 摘 录 | 特 征 分 析 |
|---|---|
| "一个人不要，发下一个，他翻个白眼，我给个笑脸，别人不耐烦，我就给足耐心，总有发完的时候吧！" | 有代入感：读完之后就会想起自己年轻时从事过一些发传单、促销等兼职工作的情景 |
| "世界上绝大多数人的起点都不高，穿高跟鞋的资格，那得用穿平底鞋的努力去交换" | 给人带来很强的获得感：这句话把先苦后甜的道理用具有画面感的文字表达出来，给人力量和信心，瞬间让用户感受到，现在辛苦的奋斗是为了以后更好的生活 |

案例二：

　　"如果想夸一个人很特别，要怎么写呢？直接说你真特别，就有一点点单调。第一步，加上一个参照物来做对比，所有描写这个秋天的句子，都不及你特别；第二步，给参照物加上一个具体的数字，再给你加上一个时间，我看过 1000 个关于秋天的句子，都不及此刻的你；第三步给关键词此刻的你，带上一个有一点点浪漫的排比，我看过 1000 个关于秋天的句子，都不及这个慵懒的夜晚，恰好吹来的风，还有此刻的你。"

　　这是得到多数读书主播肯定的一条爆款抖音短视频脚本，该脚本也具有代入感和获得感两大共同特征，如表 10-2 所示。

表 10-2　短视频脚本案例拆解 2

| 内 容 摘 录 | 特 征 分 析 |
|---|---|
| "我看过 1000 个关于秋天的句子，都不及这个慵懒的夜晚，恰好吹来的风，还有此刻的你。" | 非常具有代入感：读完这个眼前立马浮现出画面 "秋季的傍晚，无所事事地走在公园里，微风徐徐" |
| "……第一步，加上一个参照物来做对比……第二步，给参照物加上一个具体的数字，再给你加上一个时间……第三步，给关键词此刻的你，带上一个有一点点浪漫的排比……" | 满满的获得感：通过步骤结合案例，手把手教你如何写一条温柔的文案 |

## 10.2 新手短视频用户的两大痛点

短视频虽然已经不算是新的媒体形式了，但是对于大多数人来说，想要做短视频或者做好短视频还是有一定难度的。尤其是对于一个从未做过短视频的新手用户来说，做短视频的时候一般会遇见图 10-2 所示的两大痛点。

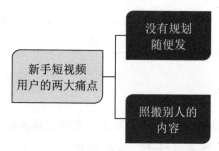

图 10-2　新手短视频用户的两大痛点

### ▶10.2.1　没有规划随便发

随着短视频平台的不断发展，短视频逐渐渗透到人们的日常生活中，很多实体店的商家及各类厂家，都想通过短视频来吸引意向客户，带来更多的成交。但由于没有正确的规划，只会拍摄一些店内的环境、产品，发出来的内容随心所欲且毫无章法，既不考虑用户的感受，也不能给别人带来收获。这样发了一段时间后，发现浏览量和点赞数都很低，耗时耗力却无法带来收益，就放弃了。很多做短视频的用户根本不知道发短视频是需要提前规划好内容、写好脚本的，没有规划地随便发视频当然不能有好的数据，更不会带来精准用户和成交。

比如，笔者曾经刷到一位文具店老板的抖音短视频，发现她发了几百条短视频，视频的内容大多是店内的环境、产品，有些是只有视频没有脚本，有些是自己拿着产品推销介绍，还有一些是自己的生活琐碎，视频拍摄得非常随意，画面杂乱模糊，基本上每一条视频的点赞数都是个位数甚至为零，这样的短视频内容就是没有规划随意发，发很多也没有什么效果。

### ▶10.2.2　照搬别人的内容

还有一些人有做内容规划的意识，知道好的短视频一定要写好脚本，但是不知道怎么写，于是就在网上找别人的内容照搬照抄，不仅脚本内容，甚至连拍摄手法和环境选择都原样复制。这样做的结果，也许短期会带来一些流量和数据，但是从长期来看是存在风险的，这种缺少原创内容的视频久而久之会引起粉丝的反感，甚至还会引发侵权诉讼。

　　比如，博主李子柒的视频受到网友们追捧后，有位越南的博主就来照搬李子柒的短视频内容，连发型、服饰等都一一模仿。因为李子柒的视频中有奶奶出镜，这位博主还特意找了一位假的奶奶。发现后，李子柒选择用法律手段维权，最终这位越南博主停止了账号的更新。还有知名旅游博主房琪的视频，之前被某个旅游博主抄袭，房琪也用了法律手段来维护自己的合法权益。

　　照搬、抄袭别人的内容，不仅不利于打造自己的个人品牌，而且还违法，实在是不可取。

## 10.3　两种思路帮助新手破局

　　既然没有规划随意发文和照搬照抄别人的内容，都是不可取的，那么新手短视频用户怎样才能破局呢？这一小节分享两种思路帮助新手短视频用户破局，如图 10-3 所示。

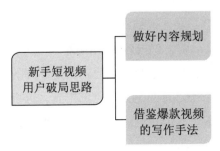

图 10-3　新手短视频用户的破局思路

### ▶ 10.3.1　做内容规划

　　做好内容规划的第一种思路是根据自己的定位做好选题规划，这个其实也分为两步，第一步是做账号定位，第二步是根据定位规划内容。

　　**1. 做账号定位**

　　每个人都有自己擅长的领域、自己感兴趣的内容，以及自己已有的资源或者想要推广的内容，最重要的就是在做内容之前先找到自己账号的定位。短视频内容看起来很多，但是无论是哪个平台，总结起来也就是表 10-3 所示的几种账号类型。做短视频之前先分析一下自己属于哪个领域，可以对应着去做。

表 10-3　短视频常见账号类型

| 账 号 类 型 | 内 容 主 题 |
| --- | --- |
| 知识博主 | 可以分享行业相关技巧、方法、步骤等干货，也可以分享行业案例、工具合集 |
| 个人 IP | 可以分享自己对某件事情的看法观点，也可以分享自己的价值观、个人经历故事等 |
| 情感 | 可以分享两性情感故事，也可以分享爱情观、婚姻观、亲子关系、原生家庭等 |
| 技能 | 可以分享生活中的小技能、小妙招，比如买房技巧、阳台改造技巧等 |
| 产品测评 | 可以分享产品使用的感受，比如一些小众产品的使用体验及效果等 |
| 企业账号 | 可以分享创始人的创业故事、创始人的日常，也可以分享工厂环境、员工办公环境等 |
| 搞笑娱乐 | 可以分享搞笑的段子、夸张的表演，也可以分享一些综艺或者影视剧中的片段 |
| 才艺表演 | 分享唱歌视频、跳舞视频、绘画视频、魔术视频等 |

**2.五个维度做好内容规划**

明确了账号定位，就可以围绕定位持续地输出内容，增加用户的信任，不断地吸引新的用户。但是，对于大多数新手来说，由于缺少素材，持续地输出内容有一定的难度。下面笔者分享一个自己在做短视频账号时常用的"五维规划法"帮助大家更好地收集素材，设计视频内容。

所谓"五维规划法"，就是说内容可以围绕"人、器、物、法、环"这五个方面去展开。这个方法适合绝大部分的账号，只是不同的账号侧重点不一样，有些可能只用到其中的一个点，有的是五个点都用到。这里，笔者以一个茶叶用户为例，来和大家分享一下"五维规划法"的具体运用，如表 10-4 所示。

表 10-4　茶叶类短视频账号内容规划表

| 维　　度 | 释　　义 | 内　　容 |
| --- | --- | --- |
| 人 | 和茶叶相关的人 | 1.讲讲自己与茶叶的故事、渊源，自己因为喝茶带来的改变和受益，自己在茶中悟到的人生哲理；<br>2.分享客户的故事，喝茶的人都有什么样的特点，客户因为喝茶带来的改变等；<br>3.分享茶农的故事，茶农的辛苦及匠人精神等 |
| 器 | 和茶相关的工具 | 1.茶叶与茶具的搭配；<br>2.茶具的材质、产地、价位、品质、使用场景；<br>3.其他周边 |

续表

| 维　度 | 释　义 | 内　容 |
|---|---|---|
| 物 | 自己想要销售和推广的产品 | 1. 产品的优势亮点；<br>2. 产品的使用场景；<br>3. 产品带给用户的受益点；<br>4. 产品的产地、工艺、年份、制作过程，产品的稀缺性等 |
| 法 | 方法办法、干货教程 | 1. 茶叶的挑选；<br>2. 茶叶和季节的搭配；<br>3. 不同人群、不同地域如何选择茶叶；<br>4. 茶叶冲泡的正确方法；<br>5. 与茶叶有关的书籍、电影、典故等 |
| 环 | 环境 | 1. 茶叶的生长环境；<br>2. 茶叶的采摘、加工制作等 |

## ▶10.3.2　借鉴爆款视频的写作手法

做好选题规划的第二种思路是借鉴爆款视频的写作手法。我们鼓励原创，但大多数人发现原创太难了，这时候，我们可以去拆解别人的爆款短视频的结构框架和写作手法，甚至可以借鉴别人视频中用到的网络热点素材，结合自己的生活实际情况，融入自己的思考和想法，来进行再创作。下面笔者以自己借鉴的一个内容为例，带大家了解，如何借鉴爆款短视频的写作手法进行创作。

这条爆款视频用了一个搭亲戚顺风车回家结果亲戚找她要油钱自己觉得很委屈的网络热点素材，当时这个素材上热搜后，很多人都用这个素材做短视频，笔者找到一篇点赞 10W+ 的短视频，拆解了脚本文案，然后结合自己的职业和经历，借鉴视频脚本的写作手法进行了创作，如表 10-5 所示。

表 10-5　视频脚本借鉴案例

| 素材背景 | 爆款短视频脚本 | 笔者借鉴创作的内容 |
|---|---|---|
| 前段时间有一个新闻：一个视频主，想省钱，就搭亲戚家的顺风车回家，路过服务区时，亲戚找他要了 200 块的油钱，视频主就感到很不舒服，交完了钱后，就把这个遭遇发到了网上 | 网上有这样一个视频火了，一个人过年回老家买车票需要 500 元，于是他想坐亲戚的顺风车，省下这笔钱，但没想到路过服务区的时候，对方问他要 200 元的加油钱。碍于情面，他给了，但是随后就发了一条朋友圈说："200 块看清一个人，以后再也不会坐他的车了……" | 前几天，有位朋友让我帮忙写视频号脚本文案，沟通了定位和内容，我报了价，她却说，这个还要收费，你不是专门给人做视频号吗？我说是呀，就因为我是专门做视频号才要收费，她说，好！我知道了。然后没了消息，过了几天发现她已经把我删掉了 |

续表

| 素材背景 | 爆款短视频脚本 | 笔者借鉴创作的内容 |
|---|---|---|
| 很多人根据这个新闻做了相关的短视频，来讽刺那些生活中爱占小便宜的人 | 有些人就是这样，你帮助他他会觉得理所当然，但有任何让他不满意的地方，他就会觉得你这个人不厚道<br><br>世界上没有那么多的理所应当，人与人之间应该礼尚往来，无论多么小的一件事情，只要对方第一时间帮忙，已经是最大的付出了，千万不要把这一切当作理所当然 | 你有没有发现，生活中经常遇到这样的人，你免费帮她，她觉得理所当然，你要收费她就觉得你自私小气<br>知道你会摄影，就让你给孩子拍周岁照；知道你做设计，就让你免费做PPT；知道你写文案，就让你义务修改文章<br>每个人都有自己的工作，帮忙是情分，不帮是本分，你的时间很宝贵，不应该在不值得的人身上浪费 |

从表 10-5 中可以看到，同样的素材相同的道理，每个人遇到的人和事是不一样的，脚本创作时，适当地借鉴别人的写作手法，结合自己的实际情况，就能写出属于自己的短视频脚本。

## 10.4 三个高赞短视频脚本模板

了解了高赞短视频的共同特征，知道了做短视频的时候需要提前规划内容，也掌握了素材借鉴的方法，那么具体如何去设计短视频的脚本呢？这一小节笔者分享给大家短视频通用的三个脚本模板，如图 10-4 所示。

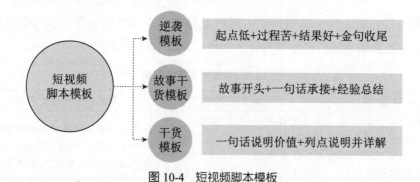

图 10-4　短视频脚本模板

▶ **10.4.1　逆袭模板：起点低＋过程苦＋结果好＋金句收尾**

逆袭模板主要适用于个人品牌及企业创始人 IP 的打造。运用逆袭模板去讲一个人物逆袭的故事，让别人通过这个故事去了解人物的经历，可以说这就是一个短视频名片。无论是做知识 IP、塑造企业形象，还是要给别人讲解自己成长的历程，都可以用这个逆袭模板。

逆袭模板可以总结成一个公式：起点低＋过程苦＋结果好＋金句，这个模板包含四个部分的内容，这四个部分的内容是前后衔接的，并且每个部分都有很多的内容可以去写。

### 1. 起点低

逆袭是一个从不好到好、从普通向优秀变化的过程，只有展示出起点的低，才能凸显出最后的成就。要用好这个模板，第一步就是要写好起点。起点可以从以下几个方面挖掘素材，如表 10-6 所示。

表 10-6　逆袭模板"起点"素材表

| 写作角度 | 写作思路 | 具体表述 |
| --- | --- | --- |
| 家庭环境 | 从家庭出身的角度挖掘素材 | 如：小时候家里条件差，父母迫于生活压力外出打工，从小跟着爷爷奶奶长大等 |
| 身体容貌 | 从自己的身体、容貌等先天因素中挖掘素材 | 如：自小身体不好，体弱多病，身体有先天缺陷、残疾等 |
| 教育情况 | 从学习成绩、学历等方面去挖掘 | 如：学习成绩不好早早辍学打工，或者高考没有发挥好、没有考上理想的大学等 |
| 工作职业 | 从自己最初从事的工作方面去挖掘 | 如：毕业后找不到好工作、工作不顺利、收入低、工作强度大、工作环境差、收入不稳定等 |

通过表 10-6，我们会发现其实写"起点低"的素材很多，无论是选择其中的一个方面写，还是选择其中的几个方面融合起来写，最重要的是要根据自己的实际情况去写，不能为了凸显"起点低"而胡编乱造。

### 2. 过程苦

"过程苦"也就是写奋斗过程中的辛苦，最好能写出一波三折的过程，会显得经历真实，写作思路如表 10-7 所示。

表 10-7　逆袭模板"过程苦"写作思路

| 写作角度 | 写作思路 | 具体表述 |
| --- | --- | --- |
| 时间 | 用时间轴把所经历的过程串起来，某年某月自己在干什么，进行细节描述 | 如：1998 年，我大学刚刚毕业，面试 20 多家公司无果后，选择南下进了工厂做车间工人；2020 年我在广告公司工作，每天加班到凌晨…… |

续表

| 写作角度 | 写作思路 | 具体表述 |
|---|---|---|
| 空间 | 用地点的变化去写这个过程 | 如：我在广东的街头发过传单，也在上海的高档写字楼推销过业务，在深圳摆摊卖过鞋包，也曾在长沙为了谈成业务在酒桌上喝到胃出血…… |

"过程苦"其实就是回忆自己奋斗、成长过程中的经历，这部分也应尽量真实，最好能写出细节和画面感，使故事更有代入感。

### 3. 结果好

"结果好"就是通过努力后生活发生了改变，写出前后的对比，写作思路如表 10-8 所示。

表 10-8　逆袭模板"结果好"素材表

| 写作角度 | 写作思路 | 具体表述 |
|---|---|---|
| 职业和名气改变 | 社会地位提升 | 如：从一个小文员做到了办公室主任；<br>从一个厂区女工做到了副总；<br>从一名打工者到自己开公司当老板；<br>从一位不知名的小职员到被媒体采访 |
| 收入变化 | 收入提升 | 如：月薪较过去增长了 10 倍；<br>从负债累累到拥有了自己的产业 |
| 自己思维上的转变 | 认知提升 | 如：从依赖别人到自己寻找出路；<br>从等待机会到创造机会 |

### 4. 金句结尾

用金句结尾就是通过自己的逆袭经历明白了什么道理，获得了什么感悟，总结成金句用来结尾。这种感悟和道理不需要长篇大论，只需要一两句金句在脚本结尾起到画龙点睛的作用就可以了。

比如，**"你只管努力，剩下的交给时间""别抱怨努力的苦，那是你去看世界的路""再小的努力，乘以 365 都很明显"**，这些都很适合做逆袭故事模板的金句。

### 5. 逆袭模板案例拆解

为了便于大家理解这个逆袭模板公式，笔者用自己曾经做的一条短视频《一个普通女孩的 10 年》来进行案例拆解。

脚本开头的部分写道：**"我出生在农村，一个没有公交车、没有培训班的地方，高考没考好去了一所专科院校，学校没有像样的图书馆，看到学校又旧又小，我差点哭了！"**这几句是短视频脚本的开头，用到了"起点低"，主要描述自己家庭条件不好，也没有高学历，是为了引起很多起点也很低的人的共鸣，为后期做铺垫。

脚本中间的部分这样写的："但我没有自暴自弃，一边读着大专一边自考本科，每天看书自学直到宿舍熄灯，节假日去公园也带着书，三年时间通过了 14 科考试，顺利拿到汉语言文学自考本科毕业证书！可毕业刚好遇到 2008 年的经济危机，找不到好工作，朋友介绍去了一家小公司做行政文员，这样一干就是四年。轻松而琐碎的工作让我看不清自己的未来和方向，我决定走出舒适圈去其他行业看一看。我跳槽到一家房地产广告公司做起了文案策划，没有经验的我有时候一篇文案要改几十遍仍然不能通过。我经常被派去出差调研各大楼盘，为了提高文案写作水平我买了十几本广告文案书籍学习，经常写文案到凌晨两三点。就在我终于能快速写出令甲方满意的文案时，地产行业迎来寒冬，公司倒闭了，我失业了。全职在家一年，我一边带孩子一边练习文案写作！"这一部分是"过程苦"，主要描写的是笔者学习、工作起起落落的过程，在专科学校读书又努力自考本科，毕业时却因为经济危机找不到工作，在小公司干文员觉得不甘心跳槽到地产广告公司，努力提升业务水平可以快速写出文案时又遇见行业寒冬，失业回家成了全职妈妈，跌宕起伏、一波三折。

接下来"我写了 20 多万文字，成为简书优秀创作者；文章还被人民网转载，阅读量超过 10 万。后来，我成了一家美容机构的首席文案，因为有了经验，工作起来轻松多了。我开始进入知识付费圈子，努力做起了副业。加入《爆款文案》作者关键明老师的文案圈学习文案，被评为'优秀学员'，在文案练习中多次获奖，被关老师称为'文案高手'，很多人要跟我学习文案。再后来我也成了一名文案老师，我录制了一套线上课程，备受学员欢迎，于是我开了第二套线上课，学习人数达 13.9 万。我的文案副业发展得更好了，我接文案订单、收私教学员、运营自媒体账号……渐渐地，我副业的收入超过了主业。如今，我辞去了工作成了一名自由职业者，让副业转正了。通过不懈努力，我成了千聊的短文案签约作者，小红书万粉博主，也开始与出版社签约出书了！"这一部分是笔者努力后的蜕变，也就是"结果好"的部分，这一部分的重点是要用事例来证明。

结尾的部分"我越来越坚信'人生没有白走的路，每一步都算数'。我的故事未完待续，你还愿意听吗？"用金句来升华总结，起到画龙点睛的作用，并和用户互动。

### ▶10.4.2　故事干货模板：故事开头＋一句话承接＋经验总结

除了逆袭文案，短视频创作中还经常会用到故事干货的形式。所谓故事干货，是通过一个简单的故事开头吸引用户关注，然后通过故事来阐述自己的收获、感悟、观点。故事干货可以总结成公式：故事开头＋一句话承接＋经验总结。

在故事干货模板中，故事不需要太具体，只需要用简单的几句话概括即可，有些甚至都称不上是故事，只是简单叙述自己经历的一件事，取得的一些成果。这个模板的重点是讲述经验，故事只是铺垫，是为经验分享打基础。故事干货模板简单、易上手，和纯粹的干货相比，又具有故事的吸引力和真实性，非常好用。

故事干货的短视频脚本模板在使用的过程中也可以拆分为故事开头、一句话承接和干货总结三个部分。

**1. 故事开头**

故事开头就是用言简意赅的语言讲一个小故事。这个小故事可以是你通过努力取得某些成绩的故事，它可能是一个很小的事情，比如，让孩子从不爱读书到爱读书，把零乱的屋子收拾干净，改掉了爱睡懒觉的毛病等；也可以是你在书中或者电影里看到的对自己有启发的故事。总之，你通过这个故事有所收获，这就是一个好故事。

**2. 承上启下的一句话**

为了从故事向干货转承过渡，这里需要安排一个承上启下的句子作为脚本的第二部分，让用户看完故事后，明白你将要说什么。比如，"**有几点经验分享给大家，很多人问我怎么做到的，我总结了以下×点**"，类似这样的句子。

**3. 经验总结**

这部分就是把你的经验总结成干货，逐一进行说明，这里只需要列出做这件事最核心、最关键的技能、方法、步骤等就可以。

**4. 故事干货案例拆解**

为了便于大家理解，这里笔者以自己曾经写的一条短视频脚本来拆解故事干货短视频脚本的具体写法。

短视频脚本开头部分："**在更新 43 条视频后，今天我的视频号终于通过互联**

网自媒体认证了，过程很艰辛，但结果很美好"，用简单的故事总结自己最近做的事情及取得的成果。

　　紧接着笔者写到"**关于视频号认证我有 3 点经验分享给大家**"，用一个承上启下的句子说明接下来要分享干货了。

　　结尾部分："**第一，要选择和自己领域相关的认证：第一次申请选择了文学博主，因内容不符被拒绝了；第二，实名和绑定的电话号码都必须是你本人：此前微信号用的是家人的实名认证，修改后依然被拒绝，直到把微信绑定的电话号码也更换成自己的，并邀请好友辅助认证才终于通过了；第三，想做的事就算失败了也不能放弃，所有条件都达到要求后，我的认证依然被拒绝了 4 次，但我从没想过放弃，而是去请教别人，一点点完善、一次次尝试，终于得到了我想要的结果。**"这是自己从这件事情中总结出来的可以对人有帮助的经验和教训，也就是干货。

### ▶ 10.4.3　干货模板：一句话说明价值 + 列点说明并详解

　　干货类脚本也是做短视频时使用比较多的一种脚本形式，这种脚本适合口播，写作起来耗时短，拍摄难度低，一个人就可以操作，比较适合知识分享和教育类短视频账号。干货模板可以总结成公式：一句话说明价值 + 列点说明并详解，这种脚本也可以拆解为两个部分。

#### 1. 一句话说明价值

　　用简单的一句话告诉观众这条视频要讲什么内容，可以帮人解决什么问题，让人一看就明白；可以一并筛选对这个主题感兴趣的用户。比如，笔者的视频号里就写过很多这样的案例："**不会写文案？去这四个网站看看！**""**不知道电商详情页怎么写才能吸引人？分享简单的四步法**"等。

#### 2. 列点说明并详解

　　列点说明就是对每一点进行简单的解释，这种解释可以是方法步骤的拆解，也可以是举例证明，促进用户的理解和吸收。

#### 3. 干货模板案例解析

　　为了帮助大家理解，这里笔者以《沟通力》的作者贺嘉老师的一条短视频脚本为例进行拆解，如表 10-9 所示。

表 10-9　干货模板案例拆解表

| 步骤分解 | 脚本原文 | 脚本详解 |
|---|---|---|
| 一句话说明价值 | 大 V 不会教你的 5 个起标题的技巧 | 非常简单的一句话，告诉用户这条短视频是教你起标题的技巧 |
| 列点说明并详解 | 第一，数字，"如何用 1800 块游遍俄罗斯"；<br>第二，冲突，"路边捡来的上市公司"，是不是很吸引人；<br>第三，逆袭，"93 年的我如何全款买下价值两千万的别墅"；<br>第四，行业趋势，"未来 10 年，最具潜力的行业与岗位竟然是这个"；<br>第五，特定人群代入感，"普通人杀毒 VS 程序员杀毒" | 这里使用数字、冲突、逆袭、行业趋势、特定人群代入感这 5 个起标题的技巧，每个技巧后面用一句案例来加以说明 |

## 本章小结

1. 想要写好短视频脚本首先要明确高赞短视频的两大特征是有代入感、有获得感。

2. 新手在入局短视频时经常会出现没有规划随便发、不会写只能生搬硬套照搬别人内容的两大痛点。

3. 新手短视频用户想要破局可以从两个思路入手，第一种思路是根据自己的定位做好内容规划；第二种思路是用借鉴的方式做原创。

4. 写短视频脚本需要掌握逆袭类、故事干货类和干货类三种常见短视频脚本的创作方法，每一种类型都有固定的模板公式。

5. 逆袭类短视频脚本可以总结成模板公式：起点低＋过程苦＋结果好＋金句收尾。

6. 故事干货类短视频脚本可以总结成模板公式：故事开头＋一句话承接＋经验总结。

7. 干货类短视频脚本可以总结成模板公式：一句话说明价值＋列点说明并详解。

# 第 11 章

# 直播文案：强拆直播脚本，解锁爆款套路

想通过自媒体赢利，直播是一项必须掌握的技能。打开我们常用的购物软件或自媒体平台，淘宝、京东、小红书、知乎、抖音、视频号……每一个平台都有很多人在直播，每一个时刻都有大量的用户在看直播。如果经常观看直播，你就会发现同样是做直播，有些主播在直播间侃侃而谈，产品被粉丝疯狂地抢购；还有一些主播，直播的时候语无伦次，还经常卡壳，用户看几分钟就划走了，自然也就没有订单成交了。两类主播之间的差别到底在哪里呢？直播经验当然是一个方面，更重要的差别在于直播脚本。要想把直播做好，一定要事先写好脚本，哪怕是经验非常丰富的主播也少不了这一步。这一章主要从什么是直播脚本，以及两种常见单品销售直播脚本的写作方法，这两个知识点来强拆直播脚本，解锁爆款套路。

## 11.1　什么是直播脚本

想要吸引更多的用户留在直播间，实现更好的销售，就需要提前策划好直播流程，写好直播脚本。那么到底什么是直播脚本，直播脚本对一场直播来说又有什么价值，直播脚本又是怎么分类的呢？这一小节我们主要了解这三个方面的内容。

### ▶11.1.1　直播脚本的概念

了解直播脚本之前，我们先要了解什么是脚本。所谓脚本，是指用特定的描述性语言，依据一定的格式编写的可执行的文件，比如我们常见的表演戏剧、拍摄电影等所依据的书稿或台词。因此可以说，直播脚本就是准备直播前写的稿子，用来指导和规划一场直播的流程和内容，是主播工作时用来参考的文稿，可以让整场直播按照预想的方式进行下去。

### ▶ 11.1.2 直播脚本的价值

一场成功的直播需要在直播前精心地准备，脚本准备得是否充分决定主播的状态，甚至能影响直播的效果。对于一场直播来说，脚本具有图 11-1 所示的四重价值。

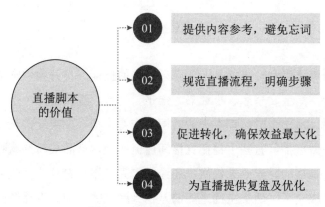

图 11-1　直播脚本的四重价值

**1. 提供内容参考，避免忘词**

直播脚本的第一个价值是提供内容参考，避免忘词。即便是经验非常丰富的主播，在直播的时候也难免会出现忘记内容的情况。一般来说，一场直播至少需要播一个小时，如果不提前规划好内容，长时间对着镜头说话，哪怕是在直播前已经想好了一切：怎么和用户打招呼、怎么介绍产品、怎么互动等。在直播过程中面对粉丝的各种提问也可能会出现脑子一片空白的情况。想好的内容全部忘记了，怎么也想不起来，甚至出现把产品讲错等情况。如果提前准备好直播脚本，就可以规避忘词卡壳等状况。因为通常直播前都有一个熟悉直播脚本的环节，有了这个准备环节就能做到心中有数，就算是中途忘词了也能立马根据脚本去讲，不会出现冷场或者中途下播的情况。准备直播脚本并不是要主播完全照着脚本去念，但是确实能为直播提供内容参考，这是最直接的价值。

**2. 规范直播流程，明确步骤**

直播脚本的第二个价值是规范直播流程，梳理直播逻辑。什么时候该打招呼，什么时候该讲产品，什么时候应该和用户互动，直播脚本上都提前规划好。产品和产品之间，单品的介绍顺序也都提前设计好，比如到了产品介绍的环节，先讲产品包装，再讲产品功效和优势，接着讲产品的使用场景和用户案例，最后再讲产品的促销和福利，这些环节之间环环相扣、紧密连接，哪里应该重点讲解，哪里可以简单带过，哪里需要主播现场示范，无论是主播讲解起来还是用户理解起来都会清晰明了，确保整场直播流程顺畅。

### 3. 促进转化，确保效益最大化

直播脚本的第三个价值是促进转化，以确保效益最大化，也就是让用户对你讲解的内容感兴趣，让用户有意愿继续听下去，然后顺利实现销售转化。为什么直播脚本会有这个价值呢？我们假设，如果在直播前没有准备好脚本，那么需要介绍产品的时候，可能就只能拿着产品说明书去念，全是专业术语，枯燥乏味，人听着兴味索然，也许用户听几秒就划走了，自然就不会产生销售转化。但是如果准备了直播脚本，那么写直播脚本前需要有基本的用户资料和画像，对来参加这次直播的用户年龄、性别、兴趣爱好等有一个大致的判断，尝试着从这些用户的痛点和急需解决的问题出发去设计内容，以用户喜欢和能接受的方式去讲解产品，把产品的说明介绍用自己的语言说出来，找准用户的痛点，给到用户承诺，让用户觉得你说的这个真的是他正需要的，是他一直在寻找的，并且你现在还有这么大的优惠，他必须现在立马下单，这样就产生了销售转化，确保了直播效益的最大化。

### 4. 为直播提供复盘及优化

任何工作都是在不断复盘中优化迭代的，直播也不例外。每场直播后，我们都要从粉丝增长、直播数据、直播体验等方面去进行复盘总结，而直播脚本便于对每一个流程和细节进行总结分析，从而对直播流程进行优化迭代，便于更好地服务于下一次直播，使直播效果越来越好。

## ▶11.1.3　直播脚本的分类

直播脚本是直播的行动指南，是需要在直播前精心准备的内容。根据直播的场景和功能，直播脚本可分为整场直播脚本和单品直播脚本两种类型，如图 11-2 所示。

### 1. 整场直播脚本

所谓整场直播脚本，是指以整场直播为单位，规范直播流程与内容的脚本。整场直

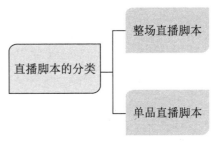

图 11-2　直播脚本的分类

播脚本一般包含直播目标、直播时间、直播地点、直播主题、直播人员、直播时长、直播流程这七个要素。

一般来说，准备一场直播前，直播运营人员都会准备包含这七个要素的一个表格，直播工作人员根据直播的情况来填写完整，直播的过程就按照这个表格去进行就可以了。

**2．单品直播脚本**

直播的时候，除了需要准备整场直播脚本，更重要的是需要准备好单品直播脚本。所谓单品直播脚本，是指主播用来介绍单个产品的流程规范和参考话术。

不同品类，直播脚本也有所差别，但是品牌介绍、利益点强调、引导转化这三个部分是所有单品直播脚本中的核心要素，在具体运用中也会有差别。想要达到更好的直播效果，就要根据所要销售的产品，提前写好每一款产品的单品直播脚本，这也是本章节后面将要重点介绍的内容。为了便于大家理解，我们在后面两节会具体介绍单品直播卖货脚本和直播卖课脚本。

## 11.2　单品直播卖货脚本的创作方法

单品直播脚本适用于直播销售日常生活中常见的各种快销品，比如美妆、美食、特产、服饰、日化、电子等高频低价的产品。这种脚本一般由图 11-3 所示的五个部分构成，这五个构成部分也是直播中的五个步骤。这一小节，笔者会带大家一起来了解各个部分的要点，还会拆解一个完整的案例。

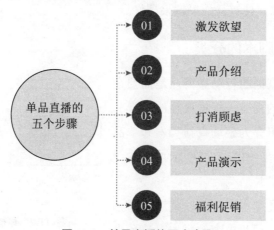

图 11-3　单品直播的五个步骤

### 1. 激发欲望

直播卖货的时候，无论是卖什么产品，第一步都是要激发用户的欲望。因为只有激发起了用户想要了解产品的欲望，他才愿意停留下来听你说，才有可能下单购买。怎么激发用户的欲望呢？可以根据产品的不同特点，采用不同的策略，写成适用于直播的文字话术。激发用户的欲望，可以从痛点和爽点两个方面来设计脚本。为了便于大家理解，笔者把激发用户欲望的方法整理成了一张表格，如表 11-1 所示。

表 11-1　激发用户欲望分类例表

| 分类 | 用户感受 | 行业范围 | 案例 | 激发欲望 | 话术参考 |
|------|---------|---------|------|---------|---------|
| 痛点 | 恐惧、害怕、担心、变老、失去、损失、健康、疾病、灾难、落后 | 功能性产品、体验性产品、便捷性产品 | 某抗敏修复面膜 | 痛点：肌肤敏感、泛红、起皮等；欲望：抗敏、可改善敏感肌 | 不知道有没有小姐姐和我一样，每到换季，皮肤就会过敏泛红起皮，甚至还会干痒刺痛，严重了还会烂脸，不能用遮瑕膏也不能化妆，只能让自己脸上的斑点痘痘，就那样暴露在同事和男友面前？实在是太难受了，太恐怖了 |
| 爽点 | 美好、享受、舒服、优雅、奢华、高级 | 水果、美食、香水、口红、珠宝、服装、汽车等享受型消费产品 | 某款香水 | 爽点：喷了香水到处都是香的欲望：生活变美好了 | 上班前喷一点香水，闻着若有若无的香味工作，一整天心情都是美美的；约会前喷一点香水会让你更有魅力和女人味；洗完澡喷一点香水再入睡，整个被窝都是香的，睡眠质量变好了 |

在具体运用的时候，大家可以根据这个表格来对应准备激发用户欲望的直播脚本话术。

### 2. 产品介绍

第二步是产品介绍。当你激发起了用户的欲望，你再告诉用户，我这里刚好有一款产品，可以解决你的痛点，或者可以让你可以拥有美好的体验，紧接着开始介绍产品，用户会愿意听下去。

另外，在介绍产品卖点时，不同的产品卖点也不一样。假如销售的是护肤品，那么就要从成分、功效、安全性、使用场景方面进行介绍；假如卖的是服装，那么就要从材质面料、颜色型号、搭配场景、厂家品牌等方面来介绍。

我们寻找卖点的时候，可以做一个九宫格图片，把功效、原材料、生产工艺、厂家、颜色、味道、使用场景、售后服务这些内容放进空格，如图11-4所示。直播介绍产品时，可以介绍其中的一两项内容，也可以介绍其中的好几项内容。

| 功效 | 原材料 | 生产工艺 |
|---|---|---|
| 厂家 | 产品 | 颜色 |
| 味道 | 使用场景 | 售后服务 |

图11-4　产品卖点九宫格

这里要注意的是，写产品介绍时应尽可能地结合产品的使用场景，这样可以告诉用户产品买回去之后可以在哪些场景下使用，以便更好地帮用户决策，有助最终打动用户。

**3. 打消顾虑**

第三个步骤是打消顾虑。有了购买的欲望，又了解了产品，用户还是不能下决心购买，因为用户还会有顾虑："你说得那么好，是真的吗？"这时候，我们应该给用户吃一颗定心丸，用权威的解说或者案例来打消用户的顾虑。

比如你可以借用实例："**某某明星都在用的×××，这款产品的全年销量是×××，曾经被电视台报道过**"，也可以给用户展示产品证书、检测报告等，让权威或是真实的案例来证明产品可靠，以此打消用户的顾虑。

比如卖丝巾的主播，在直播间展示出某明星戴同款丝巾的照片，让用户相信这款丝巾真的很好看，很值得选择，从而打消用户的顾虑。

**4. 产品演示**

第四个步骤是产品演示。主播在直播间实时演示产品的使用，让用户进一步了解产品、真实地感受产品。

如果产品是口红可以现场涂在手背上试色；如果产品是衣服，可以现场试穿，在镜头前展示效果；还有一些比如不粘锅之类的家居用品也可以现场演示使用，总之只要产品能展示的就一定要想办法展示出来，增加用户的信任。

在这一步，脚本内容主要是一些产品参数和说明，为主播提供产品数据支持；但这一步更多的要靠主播现场的展示和解说，如果照着脚本念就会显得枯燥无趣。

**5. 福利促销**

经过前面一系列的铺垫，用户的购买欲望已经被充分地激发出来了，打消了用户的顾虑、增加了信任，但是用户也许还会想，我不一定非得现在购买，要不然再等等吧——也许用户一等就再也不会买了。这时候，应该抓紧进行第五个步骤，福利促销，让用户直接按下购买键！

那么福利促销直播脚本应该怎么设计呢？我们可以用原价多少，直播间优惠价多少＋限时抢购＋赠品等促销方案，这三种促销方案可以单独使用，也可以组合使用，如果有实物赠品，最好把赠品也展示在镜头前面，还要说出赠品的价值，让用户觉得现在如果不下单购买就吃亏了。

为了便于大家理解以上直播卖货脚本的五个操作步骤，下面笔者拆解某主播销售一款硅藻泥地垫时使用的一个直播脚本。

（1）激发欲望

"所有女生，你们回忆一下，每次洗完澡从浴室走出来的一刹那，是不是头发上身上会有很多水珠，滴滴答答，弄得客厅卧室到处都是？用拖把拖，好麻烦，不拖的话，到处都是水渍，妈妈会骂你，不小心还会滑倒，太不爽了！那你一定要铺上这个洗澡必备的硅藻泥地垫。"这一部分，主播用痛点开头法，让用户回忆起自己每次洗完澡，走出浴室时候遇到的困扰，然后顺理成章地引出自己接下来要介绍的产品——硅藻泥地垫，告诉你这个产品可以帮你解决困扰，激发你去了解它的欲望。

（2）产品介绍

"这个硅藻泥地垫，真的是一款干湿分离的神器，可以光脚踩上去，也可以穿着拖鞋踩在上面，这个产品会很快吸干你滴下来的水珠，以及你脚上的水珠。你可以放在浴室里面，也可以放在浴室门口，洗完澡出来的时候，吸干水珠再去梳妆台吹头发，这样就不会弄湿其他房间了……"这一部分，把产品的功能和使用场景结合起来讲，具体地告诉你这个产品好在哪里，又告诉你，这款产品是怎么帮你解决困扰的，以及你买了这款硅藻泥地垫后放在哪里，怎么去使用，让你有一种身临其境的感觉。

（3）打消顾虑

"你们知道吗，××真的是一家非常值得信任的公司，我的所有IP产品都是他们家做的，跟他们家合作这么多次，我知道他们家做任何一款联名产品的细致程度，真的我都不用太操心，他们家细致到连一根线头都很讲究。大概四五年前我就在网络上买过硅藻泥地垫，那时候要40～50元钱，但是现在很多其他家的产品只需要19.9元，特别便宜，可买回去后，你一摸，你的手上全是灰，但是这一款你完全可以放心。"这一部分，通过用自己的IP产品是这家公司做的，以及这家公司对细节的苛刻，再加上和市场上廉价的同类产品进行对比，来打消用户的顾虑，让顾客感觉这是一个值得信任的品牌和产品。

（4）产品演示

和助手边演示边说："这一款硅藻泥地垫背面也是粉色，并且底部做了防滑设计，我们给大家看一下，这就是防滑设计用的材质。这款产品有粉色还有灰色，这里也有一个展示区，大家也可以看一下，直接踩上去，大小也刚好适合一个人去踩。"这个步骤，主播和助播一起展示产品，通过现场的颜色和展示区来让大家进一步了解这款产品，观众也更加清晰地了解了这款产品的材质和大小。

（5）福利促销

"所有女生，你们准备好了没有？不想让你的房间和浴室滴滴答答，水渍很多，就可以买起来，这款平时69元一个，我们直播间只需要27.9，做到了5折以下，他们家一般都不怎么减钱的。来，上链接，拍立减，不用领优惠券，我们的硅藻泥地垫已经下架了，工作人员再加一点。"这是福利促销，说到了原价及直播间福利价，再用他们家平时都不怎么减钱、这次破例优惠以及刚上架就脱销等一系列营销手段来进行促单，吸引看直播的用户赶快下单购买。

单品直播卖货脚本可以总结成模板公式：激发欲望＋产品介绍＋打消顾虑＋产品演示＋福利促销。

## 11.3 直播卖课脚本的创作方法

除了一些快消品，很多老师也希望通过直播的形式来销售自己的线上课程、咨询服务等虚拟的产品。这些产品是针对特定人群，并且是看不见摸不着的，这个时候就需要用到课程类产品直播脚本，这种脚本由图11-5所示的六个部分构成，这六个部分也是直播卖课脚本的六个步骤。这一小节，笔者带大家了解一下直播卖课脚本各个步骤的写法，同样也会拆解一个完整的案例。

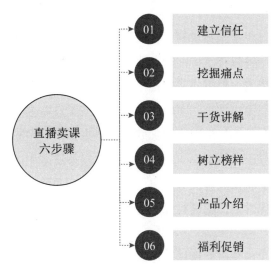

图 11-5 直播卖课六步骤

### 1. 建立信任

直播卖课的第一步是建立信任。也就是说要让用户相信讲师专业可靠。因为看直播的人大部分都是陌生的用户，如果你一上来就讲你的课程和服务，用户是不愿意停下来听你说的，只有和用户产生了联系，让用户相信你信任你或者喜欢你，用户才愿意为你停留。

直播时讲师可以讲述自己的故事，展示自己过往的成绩和工作经历，取得的证书，给哪些大型企业或者名人做过培训等，来增强可信度。

### 2. 挖掘痛点

直播卖课的第二步是挖掘痛点。讲师再专业，如果用户不需要，他可能给你点个赞就走了。因此，建立了信任，就要快速地切换，挖掘出用户的痛点，并告诉用户，这些痛点不解决，会让他一直在困扰和痛苦中，甚至带来更严重的后果。

如果讲师是减肥教练，这时可以先说肥胖的痛苦，比如，好看的衣服都穿不了，去找工作时因为身材不好被拒绝，肥胖还会引发各种疾病等；再说尝试了节食、拔罐、运动、抽脂等各种减肥方法，浪费了钱不说，不仅没有瘦，反而更胖了。

这些表述，会戳中那些减肥失败者的痛点，感觉说的就是他自己，从而激发他们想要去了解讲师怎么解决这种问题的欲望。

### 3. 干货讲解

直播卖课的第三步是干货讲解。也就是针对用户的痛点，讲师给出对应的解决方案，此步骤进一步夯实了讲师的专业形象。

这一步可以采用的一个方式是：提出一个理论，并结合讲师自己的故事。像上面减肥的例子，在第一部分，可以先说理论，减肥没有效果是因为你的方法错了，一味地控制饮食是不行的。决定你胖瘦的从来不是吃多吃少，而是你身体的代谢情况。接着讲自己的故事，自己是怎么靠这套方法减肥成功，从一个饱受肥胖困扰的人，变成了现在又瘦又美还自信满满的人，并展示出体重变化前后的对比照片，这样的干货讲解，就很有说服力。

### 4. 树立榜样

直播卖课的第四步是树立榜样。在这一部分，讲师可以给用户展示自己帮助别人成功改善的案例，树立起榜样形象。比如：通过你的方法，你的用户 A 用 4 个月的时间，从之前的 160 斤变成了现在的 140 斤，你的用户 B 从之前只能穿 XL 码的衣服，变成了现在可以轻松穿 M 码的衣服。她们变得更自信了，整个人的状态都发生了很大的改变。再配合前后对比图来展示，甚至还可以直接请 A 或 B 来直播间给大家亲述自己的故事。

### 5. 产品介绍

直播卖课的第五步是产品介绍。虚拟的产品因为无法展示，因此往往需要更加详细的产品讲解，让用户清楚地知道这个课程都包含哪些内容，与其他老师的课相比有什么优势，如果购买了这个课程，自己可以获得哪些服务，服务时间是多久，能达到什么样的效果等。比如减肥课程，就可以从课程的内容、优势和服务等这几个方面去进行逐一讲解，让用户进一步地了解你的产品。

### 6. 福利促销

直播卖课的第六步是福利促销。可以使用优惠政策并结合一些促销手法来促进成交。比如这个课程原价是多少钱，现在在直播间的优惠价是多少钱；或者用实付价除以全年 365 天，换算一下，相当于每天只花 ×× （很少的钱），就可以达到 ×× 效果；也可以说只要购买这个课程还能加送哪些课程或者服务，等等。

为了便于大家理解直播卖课的整个过程，下面笔者以曾经销售"30 天短文案训练营"的直播脚本来进行具体案例拆解。

（1）建立信任

"我是夏晓墨，拥有 10 年文案经验，我做过广告公司、地产公司、互联网公司和美业公司的文案，最近一份工作是在一家全国连锁的美容机构任首席内容官，负责公司全渠道及 120 家门店的文案宣传的把控。我一边工作的同时还利用业余时间开了《朋友圈赚钱课程》等五套课程，其中《吸金朋友圈》课程被千聊平台推荐，跟着我学习短文案的人数达到 14 万人次，而且成为千聊的年度爆款课程。2020 年，我的年度会员招募，2 天收款 8 万元，后来因为副业超过了主业，目前已经辞职成了一名自由文案人。"这一部分，通过自我介绍和自己的一些经历、成就来告诉大家笔者的专业性：有 10 年的文案经验，做过广告公司、房地产、互联网公司和美业公司的文案，并且开过五套文案课程，把副业转正，塑造自己的专业形象，增加用户信任！

（2）挖掘痛点

"我知道我们来听直播的很多人是宝妈或者白领，有人为了增加收入开启了微商，但是很多人投资了很多钱压了很多货就是卖不出去；也有人学过文案课，想要通过接单去赚稿费，但是最后才发现，根本就接不到订单，没有渠道，没有方法，也没有咨询，只能看着别人赚钱，自己无计可施。"这一部分，用大多数人都知道朋友圈可以赚到钱，但是不知道怎么去赚的例子，来挖掘用户的痛点：想卖货却卖不出去，想接订单却接不到订单，大家都在看着别人赚钱，自己却赚不到，干着急。让用户感觉这就是自己当下的状态，自己面对的困惑，那么究竟要怎么解决呢？就愿意继续听下去。

（3）干货讲解

"那怎么通过朋友圈去赢利？现在的朋友圈已经不是前几年随便发发就能出单了，无论你是想在朋友圈卖货赚钱，还是卖服务赚钱，首先你得要有一个自己的定位。有了清晰的定位，别人才能记住你，才能在有需求的时候想到你。同时你要经历被知道、被信任、被喜欢、被追随这四个阶段，还要通过文案、图片把自己打造成一个'有料、有种、有品、有趣、有情'的'五有'新人。

你发朋友圈不能随便发，要规划好朋友圈的五大板块，包含生活文案、干货文案、产品文案、晒单文案、互动福利文案这五种文案类型。把朋友圈打造成一个让人流连忘返的'花园'，这样你才能通过朋友圈赚到钱。我最开始做微商的时候也是不懂，因为失业了急需要赚钱，就胡乱投资，朋友圈刷屏，掉了很多坑，赔了钱，但是后来懂了之后开始卖海苔，一个月就招募了 18 名代理。

其实我开始做副业的时候也是没有任何渠道，我就是用心地去发好每一条朋友圈，写真实有趣的生活文案，简单实用的文案干货，也做福利互动，后来我的朋友圈被很多人点赞、喜欢、借鉴，渐渐有了个人品牌和影响力，再到后来接订单、收学员、开课程。"

在这一步，笔者给大家分享了想要通过朋友圈赚钱，就要学会朋友圈的成交系统，学会写朋友圈五大板块的文案，同时结合自己的故事：没有学朋友圈成交系统之前，胡乱投资，赔了很多钱，后来学了这套系统不仅卖货卖得很好，招代理也招得很多，一个月招到了 18 个代理，这就让大家对这套朋友圈成交系统充满了好奇。

（4）树立榜样

"这套朋友圈成交系统不仅帮助了我，也帮助了很多学员，比如：学员关关，从一个全职刷屏、几乎没有什么收入的微商宝妈，到现在月入 3 万成为卖货达人和文案老师；学员顾佳佳，从一个依附于老公的退休老太太，到一条文案卖出去 6600 元产品的文案写手；学员叶小春，从一个负债的文案小白到还清了债务，如今是一名不少赚钱的茶叶带货者。她们都在用短文案和这套朋友圈成交系统赚钱。"这里笔者通过学员关关、顾佳佳、叶小春的故事来树立榜样，证明这套系统有多么牛，进一步激发了粉丝对这套朋友圈成交系统以及短文案的兴趣。

（5）产品介绍

"这套系统我融合在了 30 天短文案课程中，这套课程一共有 17 节……课程内容、服务时长、社群管理、接单改稿、团队优势……同时这套课程还被雨涛、叶小鱼、兔妈、麦子、端银、星宇等老师推荐。"这一部分对训练营进行了全方位的介绍，并用权威人士的推荐来证明这个训练营值得加入，这套课程值得学习。

（6）福利促销

"这套课程原价是 1299 元，今天晚上直播间的福利价是 899 元，只有 10 个名额，同时前 5 名购买者送签名书 + 茶叶 +12 节朋友圈课程……"这一部分，主要是用优惠福利及赠品来做促销，来促进大家购买下单。

直播卖课的脚本可以总结成模板公式：建立信任＋挖掘痛点＋干货讲解＋树立榜样＋产品介绍＋福利促销。

## 本章小结

1. 直播脚本就是用来指导和规划一场直播的流程和内容的文稿，是主播工作时用来参考的依据。

2. 直播脚本具有提供内容参考避免忘词、规范直播流程明确步骤、促进转化确保效益最大化、为直播提供复盘及优化的四重价值。

3. 直播脚本分为整场直播脚本和单品直播脚本两种类型，整场直播脚本一般包含直播目标、直播时间、直播地点、直播主题、直播人员、直播时长、直播流程这七个要素，单品直播脚本是指主播用来介绍单个产品的流程规范和参考话术。

4. 单品直播卖货脚本可以总结成模板公式：激发欲望＋产品介绍＋打消顾虑＋产品演示＋福利促销。

5. 直播卖课脚本可以总结成模板公式：建立信任＋挖掘痛点＋干货讲解＋树立榜样＋产品介绍＋福利促销。

# 第 12 章
# 问答平台：引爆人气，三步写出高赞文案

在网络还不够发达的年代，遇到问题我们习惯去图书馆查阅相关资料，或者请教老师和具有相关经验的专业人士。随着互联网的普及，尤其是百度等问答平台的出现，遇到平时不懂的问题，大多数人和笔者一样，习惯去百度搜索。这些问答平台上有很多问题的答案或者是解决问题的经验分享，可以供我们参考，帮助我们解决问题。可以说，遇到问题上百度，已经成为大多数人的一个习惯，因此也出现了以百度为首的专门做问答的平台以及适应这些平台的内容——问答文案。这一章我们主要讲解问答文案的定义及价值、常见三大问答平台的特点、新手答主常犯的三个错误，最后笔者还会给出两个写高赞问答文案的公式。

## 12.1 问答文案的定义及价值

问答文案作为一种伴随问答平台而出现的特定的文案，和我们经常说的文案有所不同，那么究竟什么是问答文案，问答文案对于企业和个人来说又有什么价值呢？这一小节，笔者主要分享这两个内容。

### ▶ 12.1.1 问答文案的定义

随着百度、知乎、悟空问答、搜搜问问、360问答、新浪爱问、天涯问答等问答平台的兴起，有一大批人在这些平台上通过回答问题、提供答案而吸引了众多粉丝。也有很多产品通过这些精心设计的问题和答案，而被用户知道和传播。这些专门用来回答问题的文字，统称为问答文案。

### ▶ 12.1.2 问答文案的价值

问答文案作为一种受欢迎的文案形式，出发点是答疑解惑，和硬广相比，更

能被用户所接受。而这种文案形式被利用好的话，可以发挥如图 12-1 所示的最大价值。

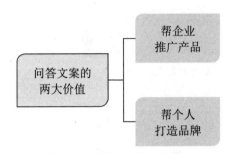

图 12-1　问答文案的两大价值

### 1. 帮企业推广产品

对于企业来说，问答文案可以增加其曝光率，间接促进销量，同时还可以提高产品口碑和品牌影响力。很多新产品上市都会在一些问答平台做调查，发布问题，做试用活动，邀请答主去回答问题，增加产品曝光率和品牌影响力。

### 2. 帮个人打造品牌

很多平台为了鼓励答主回答问题，会给优质回答一些流量扶持，增加流量曝光，甚至还会给奖励，比如积分、现金、实物等。所以，对于普通人来说，学会写问答文案，不仅可以通过运营自己的自媒体账号打造个人品牌，赚取平台的奖励和流量广告分成，还可以去接商家的问答文案订单，赚稿费，提高收入。

## 12.2　三大问答平台特点

虽然问答平台很多，但是不同平台的文案风格不一样，赚钱的方式也不一样。先对这些平台进行基本的了解，才能更好地选择适合自己的平台。这一小节，笔者详解介绍日常使用最多，也最适合打造品牌的知乎问答、悟空问答及百度知道这三个问答平台的特点。

### ▶ 12.2.1　知乎问答平台特点

知乎作为比较成熟的问答平台，相比其他问答平台更加专业，知乎平台的一些特点如图 12-2 所示。

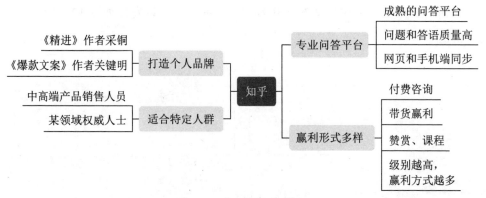

图 12-2　知乎平台的特点

### 1. 专业问答平台

知乎是一个专业的问答平台，在问答平台中属于比较成熟、做得比较好的。在电脑上直接搜索"知乎"就能找到，在手机上可以通过应用市场下载知乎 App 使用。知乎上聚集了各个行业的专家、学者，问答的水平相对来说是比较高的。

### 2. 赢利形式多样

在知乎上回答问题并不能直接产生现金收益，但经过积累粉丝、提升账号级别后，就可以通过付费咨询、知乎＋自选、知乎好物、视频收益等，给自己带来收益。

知乎的答主在达到 4 级、盐值超过 500 后，就可以通过以上项目来赢利。怎么提升级别呢？方法很简单，就是回答问题累积分数，这个门槛并不高。达到更高级别时，还可以开通文章赞赏功能、以及知乎 LIVE 讲课获得课程收入，还可以卖自己的电子书赚钱，赢利的形式更加多样。

### 3. 打造个人品牌

知乎的高质量回答也是涨粉和打造个人品牌的途径之一。像《精进》的作者采铜，就是通过在知乎上回答心理学问题而出名的，后来就写书，成了一名作家。还有《爆款文案》的作者关键明，也是因为回答了知乎上一条关于文案的问题，获得非常高的点赞后被大家熟知，然后接连出书、开课成了炙手可热的文案大咖。

### 4. 适合特定人群

知乎是一个很好的问答平台，但并非所有人都适合。一般来说，从事高端产品销售的人和在某个领域有造诣的人比较适合深耕知乎。

（1）中高端产品销售人员

知乎平台的用户大多为白领或在某个专业领域非常有研究的人。如果你销售的产品是中高端产品，那知乎平台就是一个非常好的引流渠道。笔者之前认识一位卖大闸蟹的老板，他通过在知乎上回答有关大闸蟹的问题，吸引了大量的精准用户，从而促进了他的产品成交。

（2）某领域权威人士

如果你在某个领域研究得比较深入、有一定的专业知识，那你也可以选择在知乎深耕。知乎上的专业性要求会高一些，因此优质的内容会更有可能得到官方的认可，也更容易打造出个人品牌。

## ▶ 12.2.2　悟空问答平台特点

悟空问答属于今日头条旗下的一款产品，如图 12-3 所示，悟空问答也有自己的平台特点。

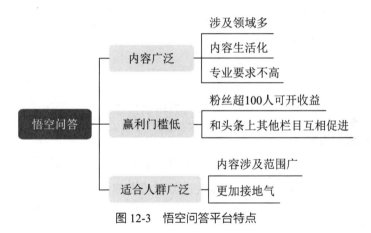

图 12-3　悟空问答平台特点

### 1. 内容广泛

悟空问答是今日头条平台中非常重要的一个板块，内容涉及娱乐、职场、宠物、育儿、花草、金融、美食、时尚等众多领域。悟空问答上的问题，相比知乎更加生活化、简单化，专业要求也没那么高。

### 2. 赢利门槛低

头条号的粉丝只要超过 100 个人，创作者就可以申请开通悟空问答创作收益，问答创作收益开通后，可以获得平台的流量广告费，回答得越多，浏览量越高，收益就越高。同时，悟空问答还可以给头条号涨粉，为头条上的其他栏目，例如微头条等收益打下基础。

**3. 适合人群广泛**

悟空问答延续今日头条平台的特点，内容涉及的范围比较广泛，也比较接地气，如果你对生活、美食、育儿、花草，甚至是娱乐八卦等方面感兴趣的话，可以考虑在悟空问答上深耕。

## ▶12.2.3  百度知道平台特点

百度知道作为百度旗下的一个产品，是国内最早做问答的平台，经过多年的发展也形成了自己的平台特点和发展模式，如图 12-4 所示。

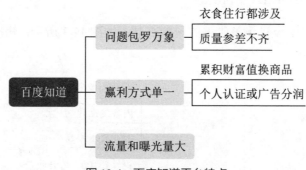

图 12-4  百度知道平台特点

**1. 问题包罗万象**

百度知道最大的特点就是涉及的问题包罗万象，可以说衣、食、住、行、用，生活工作的方方面面，都可以在百度知道里面搜索到相同的问题和几条甚至几百条回答，但回答的质量参差不齐，需要仔细甄别挑选。

**2. 赢利方式单一**

百度知道的用户，可以通过回答问题获得财富值。回答被采纳，可以获得20 个财富值，财富值积累到一定的程度后可以兑换一些商品。同时，百度知道还推出了个人认证计划，满足条件的答主可以申请相关的兴趣认证，甚至是加 V 认证，通过认证后就可以获得广告创作收益和广告分润。

**3. 流量和曝光量大**

百度知道的优势是流量和曝光量比较大，很多人习惯使用百度搜索，如果你的问答被显示，会得到比较大的曝光，可以借此来打造自己的个人品牌。

## 12.3　新手答主常犯的三个错误

问答平台很多，上一节提到的三个平台是我们普通人最常用的，也是相对来说影响力比较大的问答平台。从事问答的人很多，有些人通过问答平台既提升了个人影响力，还赚到了钱，而有些新手，辛辛苦苦写了很多问答，却没有什么浏览量，也没有赚到钱。还有些企业想通过问答平台来推广产品和品牌，最终不仅没有达到效果，甚至还因为违规被封号。产生这种差距的原因是，很多新手在写问答文案时，不了解问答文案的特点，总结起来，新手答主在写问答文案时，主要存在图 12-5 所示的三个错误。

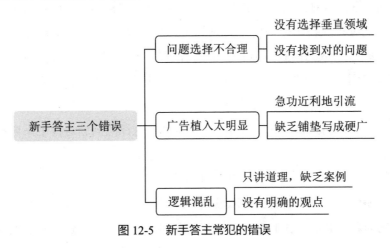

图 12-5　新手答主常犯的错误

### ▶12.3.1　胡乱回答：没有选对问题

新手答主在写问答文案时常犯的第一个错误就是胡乱回答，没有选对问题。

**1. 没有选择垂直领域**

大部分答主开通问答，回答了一两个问题后，平台都会主动推送问题邀请答主来回答。有些答主觉得很高兴，不考虑自己的账号定位，不加选择，看到邀请立马就去回答。比如，自己擅长的明明是职场相关的领域，可一看到官方邀请，哪怕是个育儿问题，也很开心地去写回答。这样的结果是，回答了很多自己不擅长领域的问题，一看点赞，寥寥无几，既浪费时间精力，又打击自己的创作热情，还导致自己的账号缺乏清晰的定位，最后官方邀请的问答更加五花八门。

**2. 没有找到对的问题**

第二个方面是没有找到对的问题。什么问题是"对"的问题呢？最好这个问题有着高关注度、低回答率。一个问题关注的人多，说明这是一个大家普遍关心的问题，这保证了你的曝光量，同时回答比较少，竞争就相对较小，如果内容优质，就更容易脱颖而出。

拿知乎来举例，对于新人而言，关注人数＞2000，浏览量＞50W，回答数＜400的问题，就算是一个"对"的问题。例如，有个"**零经验真的可以从事新媒体运营吗**"的问题，关注者2080，浏览量74W，回答327，就可以算是一个"对"的问题。想要让自己的回答得到多曝光和高点赞，选择问题真的很重要，一旦选错了问题，既浪费时间，又无法为答主增加收益，这样的回答就是无效的回答。

比如笔者曾经在悟空问答上看到一个问题："**你见过哪些错误的家教方式**"，这是一个教育领域的问题，但有一个回答者是一位建筑企业工程师，教育并不是他的垂直领域，他的回答获得的点赞和评论都是0，并且这个问题一共只有7个人收藏，18个回答。点开看第一条回答，是在2020年1月20日作出的，过去这么久了，它的点赞和评论都还是0，所以，这样的问题对答主来说不是一个"对"的问题。

作为一名答主，在回答问题时要有所取舍，首先，要选择自己垂直领域的问题，比如你专注于职场就回答职场相关的问题，你专注于育儿，那么你就回答育儿类的问题。其次，我们在主动搜索问题回答的时候，要选择自己领域里最新的、参与人数比较多的话题。这样，既保证了时效性又具有普适性，从而带来更多的曝光。

## ▶12.3.2　急功近利，广告销售过于明显

新手答主容易犯的第二个错误是急功近利。回答问题的初衷就是给自己引流，或者销售产品。我们知道，大多数问答类平台是不允许发硬广的，我们经常采取的方式是以自己的经验分享或者专家身份来软性植入广告。但一些初次接触问答类平台的答主，急切地想要借助平台曝光来涨粉，还有一些企业急切地想要通过问答平台宣传产品，所以在回答问题的时候，直接在文章里或者是评论区推荐产品引流。这样做的结果是，你的回答或评论可能直接被平台强制删除，甚至你的账号面临被禁言的风险。

　　还有一些新手，在写一些问答文案的订单时，没有任何铺垫就直接介绍产品、销售产品，导致稿子最后无法通过审核，自己白白辛苦。

### ▶ 12.3.3　逻辑混乱，没有明确的观点和论据

　　新手答主在回答问题时，容易犯的第三个错误是，回答问题时逻辑混乱没有自己明确的观点。导致用户看完一头雾水，不知道你的观点到底是什么。还有一些答主，在写自己的观点时，只讲干巴巴的道理，没有论据做支撑，既显得空洞、没有说服力，又显得逻辑混乱、不知所云，这样的结果是，虽然写了很多，但是数据却不好。

　　实际上，回答所有问题，都必须有自己明确的观点，以及强有力的论据。只有这样，你的问题才会获得更多人的认可、点赞，才有可能被平台选为优质回答，得到更多的曝光，获得更多的点赞。

## 12.4　两个公式，轻松写出高赞问答文案

　　打开问答网站，你会发现，你看到的问题很多，回答更是五花八门，并且很多回答的浏览和点赞都是个位数。还有很多人想写问答文案，但是不知道如何下笔。笔者总结出两种问答网站最常见问题，即观点类问答及产品类问答文案的写作公式，让小白也能轻松写出高赞问答文案。

### ▶ 12.4.1　观点类问答文案写作公式

　　观点类问答文案的写作公式：承上启下的开头 + 解释原因 + 解决方案。

　　这个公式是许多问答平台都在用的一种方法。一般用于想要通过问答平台曝光自己的个人品牌，以及通过平台流量来获得广告收益的答主，这个公式由三个部分组成，如图 12-6 所示。

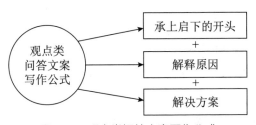

图 12-6　观点类问答文案写作公式

**1. 承上启下的开头**

承上启下的开头，是指对问题的一个呼应，或者概括、总结，写这一部分时，既可以开门见山阐述观点，比如你认为这个事情应该引起高度重视或者没有必要太着急等，也可以先说一两句承接问题的话，表达一下安慰或体谅，再回答问题，如表 12-1 所示，两个观点类问题文案的开头案例。

表 12-1　观点类问答文案的开头案例

| 案 例 问 题 | 承上启下的开头 | 使 用 技 巧 |
|---|---|---|
| 孩子不好好吃饭会导致营养不良吗？ | 作为一位养过两个孩子的妈妈，我深深地体会到作为母亲的不容易…… | 体谅提问者，然后再开始回答问题，这样更容易引起共鸣 |
| 有哪些读书才能学会的重要素质？ | 书上找不到，也很少有人讨论的个人素质，我认为有以下三种…… | 开门见山直述观点 |

**2. 解释原因**

对问题进行总结概括或者陈述完自己的观点后，再对问题出现的原因进行分析，为什么会出现这样的原因？当然，出现一种问题或者现象的原因有很多，这里需要根据问题，去列出导致这个问题的主要原因有几个。比如回答如何减肥的问题，我们都知道引起肥胖的原因有很多，但是主要的原因就两个：一是吃了太多的食物，二是运动量太少了。

**3. 解决方案**

解释了原因之后，就要针对原因提出解决方案，就是写作公式的第三部分，也是问答文案的结尾部分。这部分是问答文案里的干货内容，也是大家最喜欢看的内容。这一部分一般都是列点写出来，写出方法建议和步骤等。比如有个高赞问题"怎么和老板谈涨工资？"一位职场答主给的解决方案里面，除了承上启下的总结和原因外，大量篇幅写的是解决方案：单刀直入地提出加薪；把自己的工作成绩和业绩超过其他员工的情况明确表述出来；让老板知道你要求加薪也是在其他员工鼓励下申请的；让老板感觉到一直以来是企业和其他员工对你产生了依赖，你具有不可或缺性，答主罗列了四种可行的建议。

**4. 观点类问答文案案例拆解**

为了便于大家理解这个写作公式，下面笔者用一篇悟空问答上完整的问答案例，来具体拆解分析。

这个案例的问题是："一岁三个月的宝宝该怎么喂养？孩子偏瘦还总是便秘。"

我们一起来看看其中一篇高赞的问答是怎么契合公式的三个部分的。

（1）承上启下的总结

"养育宝宝是件辛苦的事情，不仅是对体力和精力的考验，而且还要考验脑力和耐力，因为在养育孩子的路上，永远会有各种意想不到的问题发生。

我家宝宝一岁五个月，大运动、语言、精细动作、认知这些方面都不太令我费心，唯独就是不好好吃饭，特别难伺候，这个事情，我是没脾气了。后来我查阅了很多科普资料……不知道题主是否出现了和我一样的问题，如果是，那我的经验或许能够帮到你。学步期宝宝可能会出现的喂养问题主要有：

第一，不爱吃饭，很多一岁左右的宝宝会突然不爱吃辅食了……第二，吃饭不专心，这个阶段的宝宝还会出现吃饭不专心的情况……第三，便秘，便秘是宝宝添加辅食以后很容易出现的问题……"

这一部分是承上启下的总结，答主结合自己的经历体谅提问者作为一个妈妈的辛苦，然后再总结，学步前宝宝在喂养中比较容易出现的三大问题。

这里可能有人会有疑惑，题主问的是一岁三个月宝宝，为什么答主写的是学步前宝宝，其实当过妈妈的都知道，孩子一般都是在一岁三个月左右开始学步的，因此答主这样说也是为了凸显自己的实战经验。

（2）解释原因

"出现这些喂养问题的原因，第一个是现阶段的辅食已经无法满足宝宝，这与辅食味道有关。现在提倡一岁以前宝宝无盐无糖，但是一岁以后可以酌情添加……还有辅食形状，一岁三个月的宝宝应该要吃块状的食物了，其实宝宝们自己也很想挑战有难度的食物……第二个是纯母乳宝宝的恋奶期。如果还在坚持母乳的妈妈会发现，这个阶段的宝宝特别黏奶，有事无事都要喝口奶，特别不爱吃饭……第三个是辅食营养结构不合理导致便秘。便秘并不是水喝太少，而是纤维素摄入太少……"

这一部分是解释出现三大问题的原因，主要从辅食已经无法满足宝宝、纯母乳宝宝的恋奶期以及辅食营养结构不合理导致便秘，这三个方面来解释。

（3）解决方案

"该如何喂养这个阶段的宝宝呢？第一是增加食物营养密度。如果宝宝不爱吃饭或者每次吃得很少，就要在食物的营养密度上下功夫……第二是保证每天奶量摄入 500ml。这个时候的奶量依旧可以提供三分之一的营养，也是钙的主要来源，所以，不要为了让宝宝吃饭而减少奶量……第三是多吃应季水果。家长可以在上午或者下午安排一顿或者两顿水果给宝宝……第四是多运动，增加消耗。只有充分地消耗才有吃饭的动力……

宝宝偏瘦怎么办？宝宝胖或者瘦都不能准确地反映生长发育情况，家长不能单纯地依据体重判断宝宝的发育情况，还是要通过生长曲线综合判断……

宝宝便秘怎么办？轻度便秘需要增加纤维素的摄入，多给宝宝吃富含纤维素的食物……"

最后一部分就是解决方案，这位答主先提出如何喂养的方案：增加食物营养密度，保证每天奶量的摄入，多吃应季水果，多运动增加消耗。紧接着，给出了宝宝偏瘦和宝宝便秘的解决方案，对开头总结的问题，每一个都给出了对应的解决方案。

这就是一篇完整的、优质的观点类问答文案，当我们要回答观点类的、专业性的问题时，就可以运用公式"承上启下的开头＋解释原因＋解决方案"来写问答文案。

## ▶ 12.4.2  产品类问答文案写作公式

产品类问答文案写作公式，可以总结为：无产品前的痛苦＋拥有产品后的美好＋观点总结/间接引导，如图 12-7 所示。这个公式，适用于一些产品软性植入的问答文案，这种文案一般是商家自写或者找一些专业的写手来撰写。这个写作公式由如图 12-7 所示三个部分组成。

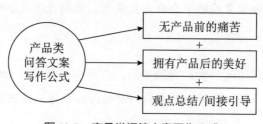

图 12-7  产品类问答文案写作公式

### 1. 无产品前的痛苦

把没拥有这个产品前的痛苦场景描述出来，用两种产品举例，如表 12-2 所示。

**表 12-2　拥有产品前的痛苦场景描述**

| 推 荐 产 品 | 拥有产品前的痛苦场景 |
|---|---|
| 负离子吹风机 | 每次洗完头发都湿漉漉的，用毛巾擦也擦不干，自然风吹干的头发毛糙，有时候着急上班，吹了冷风还容易感冒。买了普通的电吹风，头发半天也吹不干，并且长期使用后，损害了发质，头发开始枯黄打结 |
| 祛痘产品 | 频繁长痘让自己自卑不敢社交，无法化妆影响形象；尝试了很多祛痘方法，浪费了很多钱，但都没有什么效果 |

### 2. 拥有产品后的美好

拥有了某款产品后，痛苦减轻了、消除了，觉得生活变美好了。场景描述如表 12-3 所示。

**表 12-3　拥有产品后的美好场景描述**

| 推 荐 产 品 | 拥有产品后的美好场景 |
|---|---|
| 负离子吹风机 | 每次洗完头发吹一下，头发蓬松柔软又顺滑，还可以自己吹出各种造型，更不用担心被冷风吹感冒了，非常幸福 |
| 祛痘产品 | 用了这个产品之后，轻松去掉了痘印痘坑，整个人都变漂亮自信了 |

### 3. 观点总结 / 间接引导

第三部分是观点总结，比如产品要如何选择或者间接地引导直接买你使用的产品就可以。结尾总结或引导如表 12-4 所示。

**表 12-4　产品类问答文案结尾案例**

| 推 荐 产 品 | 观点总结 / 间接引导 |
|---|---|
| 负离子吹风机 | 我认为买产品不能跟风，买适合自己的才是最重要的 |
| 祛痘产品 | 和我一样有痘痘（或有 ×× 烦恼）的女性朋友可以尝试一下 |

为了便于大家理解产品类问答文案写作公式，这里笔者以一篇曾经为某品牌厨具写的知乎问答文案为例，来进行具体案例拆解。

这篇文案的问题是：**"有哪些贵但是物超所值的厨具推荐？"** 其实商家想推荐的是自己家的洗碗机，但是要以经验分享的形式来写，最终的文案如下。

（1）无产品前的痛苦

"我们家五口人，每次吃完饭，用过的碗都能装满一个洗碗池，光是洗洗刷刷就得一个多小时，一个姿势站那，腰都能站僵了，胳膊也酸胀得厉害，还弄得满手腻腻乎乎，洗碗这活我真的是干得够够滴了。"

这一部分主要描写没有产品前的痛苦场景：每天自己洗一家五口人用的碗，累得腰酸背痛，这样的场景让很多家庭主妇感同身受。

（2）有产品后的美好

"决定入手一台洗碗机，看了几个品牌和款式，最后选择了×××洗碗机，大容量，解决我们一家五口的碗没问题，声音小，刷得也干净，按下启动键，我就解脱了，敷敷面膜、看看书、陪陪孩子……"

这一部分从想买一台洗碗机解决痛苦的想法入手，最后落脚点在拥有了这款产品后的美好体验：有了自己的时间，可以敷面膜、读书、陪孩子。

（3）观点总结 / 间接引导

"以前总认为洗碗机没用，现在帮我干活了，才知道有多香。"

这是收尾部分，阐释自己的观点：以前总认为洗碗机没用，现在帮我干活了才知道有多香！

## 本章小结

1.随着百度、知乎、悟空问答、搜搜问问、360问答、新浪爱问、天涯问答等问答平台的兴起，出现了一种专门用来回答问题的文字，我们称为问答文案。

2.问答文案具有帮企业推广产品和帮助个人打造品牌这两大价值。

3.问答的平台很多，影响力比较大的主要有知乎问答、悟空问答及百度知道这三个平台，虽然同为问答平台，却有各自的特点和适用人群。

4. 新手答主在写问答文案时，经常会遇到胡乱回答没有选对问题、急功近利广告销售过于明显、逻辑混乱没有明确的观点和论据这三个问题。

5. 在回答观点类问题时，可以采用文案写作模板公式：承上启下的开头 + 解释原因 + 解决方案。

6. 在回答产品类问题时，可以采用文案写作模板公式：无产品前的痛苦 + 拥有产品后的美好 + 观点总结 / 间接引导。

# 第 13 章
## SEO 软文：企业急需的软文怎么写

对于企业来说，用 SEO 软文宣传品牌、助力新品上市既能节省成本又能达到短时间内网络全面曝光的效果，可以说 80% 的企业都急需 SEO 软文宣传。那么，到底什么是 SEO 软文？新手在创作 SEO 软文的时候存在哪些问题？如何高效地创作一篇能够达到宣传目的的 SEO 软文呢？这一章笔者带大家来了解关于 SEO 软文的知识和创作方法。

## 13.1　什么是 SEO 软文

要了解 SEO 软文的定义，需要先了解 SEO，因为 SEO 软文是在 SEO 的基础上产生的，那么究竟什么是 SEO？什么是 SEO 软文呢？

### ▶13.1.1　SEO 定义

SEO 的中文翻译是搜索引擎优化，对于企业而言，SEO 的作用是帮助企业，让客户在百度等搜索引擎上，更快、更精准地搜索到自己。SEO 不仅是一个名词也是一种职业，在网络推广宣传比较多的企业，一般会配置专门的 SEO 职位。

### ▶13.1.2　SEO 软文定义

SEO 软文是基于 SEO 基础上通过一定技巧撰写的可以让搜索引擎更容易抓取到的文章。这些文章里，通常都会带有一些经过专业 SEO 人员测算出来的便于宣传企业和产品的关键词。有了这些关键词，就能让企业想要推广的内容，在搜索引擎上获得更加靠前的展示和更多的曝光，从而带来更多的品牌宣传效果甚至带来成交。

## 13.2　SEO 软文创作痛点

SEO 软文作为一种特殊的短文案写作题材，看起来简单，但是想要写好并非那么容易。一般新手在创作 SEO 软文的时候会出现如图 13-1 所示的三个痛点。

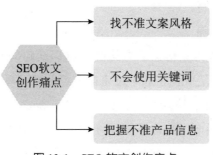

图 13-1　SEO 软文创作痛点

### ▶13.2.1　找不准文案风格

第一个问题是找不准文案的风格。出现这个问题的主要原因是在写作之前没有了解清楚文章发布的渠道。因为每个平台都有自己的特点，投放在不同平台的 SEO 软文，行文结构和写作风格是不一样的，一般来说投放 SEO 软文的平台及文章风格分为两大类，如表 13-1 所示。

表 13-1　SEO 软文投放平台及对应写作风格

| 软文发布平台类型 | 举　　例 | 软文写作风格 |
| --- | --- | --- |
| 新闻类平台 | 新闻源、今日头条 | 新闻报道、事件报道 |
| 论坛、贴吧、技术性网站 | 百度贴吧、天涯社区、虎嗅网、知乎 | 经历和经验分享类，技术干货，方法攻略等 |

不同的投放渠道要求的文案风格不一样，应该根据客户的需要和投放渠道，来不断调整文案风格。一般创作之前，需求方都会给出体裁要求或者样稿，按照客户想要的套路来写，风格上基本不会出错。

### ▶13.2.2　不会使用关键词

第二个问题是不会使用关键词，这包含把握不好关键词数量和关键词植入不准确。

**1. 把握不好关键词数量**

有些文案写的 SEO 软文关键词数量太少，结果爬虫工具很难搜到，有些文案写 SEO 软文的时候，关键词又用得太多广告味太浓，客户不喜欢。

因此，写 SEO 软文时，把握关键词的数量也很重要，正常来说一篇 800 字左右的 SEO 软文，关键词在 6 ~ 8 个是比较合适的，但不同的甲方需求不一样，这个要根据具体需求来写。

**2. 关键词植入不准确**

另外有些文案，因为觉得需求方给的关键词读起来不是很通顺，把关键词给拆开了，这样也容易造成稿子通不过审核或者返工重写。一般来说，需求方给到的关键词都是经过 SEO 技术人员测算出来的、搜索浏览量最高的、最容易被搜索引擎抓取到的，因此，最好不要随便修改需求方提供的关键词。并且，特别重要的一点是，不能只在内文用关键词，开头、结尾、标题中也必须含有关键词。

## ▶ 13.2.3　把握不准产品信息

第三个问题是把握不准产品信息，也就是容易出现一些产品信息的错误。作为一名文案，我们接触的产品形形色色，不能保证每一款产品自己都足够了解，甚至使用过。并且很多产品下面有不同的型号，因此很容易出现型号混淆或者写错的情况。

比如笔者曾经发现一篇文案新手创作的关于汽车的 SEO 软文，写着写着把汽车型号写错了，变成另外一个型号。还有型号、颜色与配图对应不上，甚至有人在新闻稿里写错主要信息，比如某款汽车明明已经在三年前的上海车展上市了，结果写成了"今年在北京车展上市"。这些错误的信息和事实不符，一旦发布出去会严重损坏企业的品牌形象。

因此写 SEO 软文时，一定要确保信息的准确，一般需求方都会提供相关的参考网站，大部分都是自己的官方网站。我们在创作的时候，尽量参考产品的官网，在官网里面找素材，或者是产品自己的微信公众号、天猫旗舰店等，千万不要去参考一些不知名的网站、论坛等。文案完成后，要记得核对一下产品信息，确保产品信息准确无误。

## 13.3　三步快速创作 SEO 软文

SEO 软文需求量比较大，写起来难度却不是很大，特别适合一些刚步入文案行业不久的人来创作，甚至很多企业根本不需要专业文案就可以搞定。那么，究竟如何快速写出 SEO 软文，并且能够让这种软文批量生产呢？这一小节，笔者分享快速创作 SEO 软文的三个步骤，如图 13-2 所示。

$$SEO软文创作步骤 \begin{cases} 确定写作方向 \\ 寻找素材搭建框架 \\ 自检定稿 \end{cases}$$

图 13-2　SEO 软文创作步骤

### ▶ 13.3.1　确定写作方向

第一步是确定写作方向，也就是动笔之前要确定这篇软文属于什么形式，要写成新闻事件类、自身经历类、经验分享类还是技术价值类？这个根据需求方的投放渠道来确定，确定好了写作方向，再进行下一步的创作。

### ▶ 13.3.2　寻找素材搭建框架

知道了写作方向，接下来就是寻找素材搭建框架。为了便于大家理解，这里笔者把常见的两种 SEO 软文框架，用表格的形式进行汇总，如表 13-2 所示。

表 13-2　SEO 软文创作框架表

| 结构框架拆解 | | 新闻类软文 | 经验分享 / 技术干货 |
|---|---|---|---|
| 开头 | | 事件导入<br>如：新闻发布会、试驾、新品上市、明星推荐等 | 设置场景，明确身份，引出产品<br>如：朋友推荐购买、网上搜索入手，或者自己发现了某种现状 |
| 内文 | | 产品介绍<br>如汽车：可从汽车的外观、内饰、性能、舒适度、安全性等来进行描述<br>如饮品：可从外包装、味道、营养安全、厂家、使用场景等进行描述 | 结合产品优势描述自己使用过程中总结出来的经验、方法步骤和一些攻略或解决方案 |
| 结尾 | | 简单总结或引导 | 简单总结或引导 |

### ▶13.3.3　自检定稿

第三步是写完之后自我检测，查看产品信息是否准确无误，关键词数量是否达标。同时还可以按照短文案的自检清单，从目的、逻辑、吸引力这三个角度来检测这篇 SEO 软文是不是一篇好的软文。

## 13.4　SEO 软文案例拆解

为了便于大家理解，这一小节笔者将用两个具体案例来拆解新闻类软文、经验及技术干货分享类软文的写作方法。

### ▶13.4.1　新闻稿软文案例拆解

写新闻稿类型的软文，如果需求方给了素材，可以根据素材来写；如果对方没给素材，可以想办法去官网找相应的新闻来改写。另外，新闻稿并不是整篇都是新闻，而是只需要在开头用新闻的形式或者类似于新闻的形式引入。

关键词：捷豹路虎

产品：捷豹 F-PACE

新闻素材：前段时间这款车在黄浦江边进行了一次试驾活动（素材自己在官网寻找）

（1）标题

"捷豹路虎黄浦江试驾完美落幕，新车上市即成爆款"，采用了新闻式标题，并植入关键词，便于用户搜索。

（2）开头

"当奔腾豪放的黄浦江与英伦风范的豹力美学相遇是一种怎样的体验？在刚刚结束的黄浦江捷豹路虎试驾体验活动中，无数城市精英驾驭着这款集科技创新与豹力美学于一体的新型车型飞驰在黄浦江边……这款捷豹 F-PACE 于上海车展正式上市，上市即成爆款，试驾活动一经发布，迅速被约满，那么为什么捷豹路虎的这款车如此受欢迎呢？"

采用新闻通告式的语言，简单叙述事件经过结果，便于快速引出产品。

（3）内文

"外观动感时尚……
内饰精致舒适……
轻度混合动力系统……
人车合一的车载科技……"

采用并列结构，从车的外形、内饰、性能、科技四个方面来介绍此款车上市即热销的原因，每一个方面一个小标题，正文围绕小标题去写，逻辑清晰、结构完整。

（4）结尾

"捷豹路虎的这款 F-PACE 车型是集轿车的舒适性和豪华性、跑车的运动性、SUV 的空间性和通过性于一体，价格在 45～59 万元，非常适合中产阶级新贵入手！"

结尾部分，用简单的语言，对这款车的特点进行总结，然后给出适合人群，进行简单引导。

## ▶ 13.4.2　经验 / 技术分享类软文

这种文体相当于以一个用户或者专家的角度去分析某款产品的使用效果，然后为其他想选择的用户做一个参考。

关键词：戴森加湿器怎么清洗？

（1）标题

"戴森加湿器怎么清洗？分享三种情况下不同清洗方法"

采用了干货技巧典型标题。

（2）开头

"北方城市，暖气空调让室内异常干燥，加湿器必不可少，使用过好几款加湿器，都出现了加湿不均匀无法覆盖整个室内的问题，后来我选择了戴森的除菌加湿器……今天分享我总结出来的三种情况下戴森加湿器怎么清洗。"

开头部分，设置了一种场景，自己使用加湿器，然后直接入题分享三种情况下的清洗方法。

（3）内文

"第一种，新买的戴森加湿器怎么清洗，……

第二种，使用了一段时间的戴森加湿器怎么清洗，……

第三种，准备收纳的戴森加湿器怎么清洗，……"

采用小标题来区分三种不同的情况，逻辑清晰，读起来也不累，会给人干货满满的感觉。

（4）结尾

"以前用其他牌子的加湿器经常会出现家具和窗台积水的情况，我用戴森加湿器没有发生过桌面或者家具面上积水的现象……非常值得入手的一款生活美物！"这一部分，总结了产品的特点，同时用简单的语言引导大家购买。

## 本章小结

1. SEO 软文是基于 SEO 基础上通过一定技巧撰写的可以让搜索引擎更容易抓取到的文章。这些文章里，通常都会带有一些经过专业 SEO 人员测算出来的便于宣传企业和产品的关键词。

2. 新手在创作 SEO 软文的时候会，经常出现找不准文案风格、不会使用关键词、把握不准产品信息这三个问题。

3. SEO 软文根据发布平台不同，一般可以分为新闻事件类软文和经验分享 / 技术干货类软文，无论那种类型都可以通过确定写作方向、寻找素材搭建框架、自检定稿这三个步骤快速完成。

4. 新闻事件类 SEO 软文可以采用的写作框架：事件导入 + 产品卖点介绍 + 总结收尾及简单引导。

5. 经验分享 / 技术干货类 SEO 软文可以采用的写作框架：设置场景 / 明确身份 + 结合产品优势的干货或经验 + 总结收尾及简单引导。

# 赢利篇：

## 多赛道结合，持续赢利

# 第 14 章
# 赢利指南：转变思维，让赢利提速

都说思路决定出路，如果一直带着旧思维去生活，一定不会遇见新知识。因此，想要通过短文案快速稳定地赢利，一定要先转变甚至抛弃旧的思维方式，克服短文案赢利中的问题，找到正确的方法。这一章主要学习短文案赢利难的两大原因，针对这两个原因，笔者给到两种能够促进短文案快速稳定赢利的方法。

## 14.1 短文案赢利难的两大原因

每个学习文案的人都希望通过文案赚到钱，希望实现文案赢利，但是在实际操作中却并不是每个人都能真正实现这个愿望。很多人学了很长时间的文案，练习了很多文案却很难赢利。无法通过文案赢利的原因很多，但是总结起来主要有两个，如图 14-1 所示。

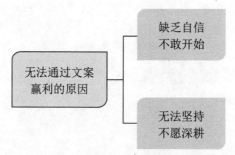

图 14-1　无法通过文案赢利的原因

### ▶ 14.1.1　缺乏自信，不敢开始

短文案赢利难的第一个原因是缺乏自信，不敢开始赢利。有很多文案初学者，他们购买了很多文案课，努力写作业积极互动，课外还读了很多文案类的书

籍，暗地里也经常做文案练习，想要通过短文案赢利，但是却都很"害羞"。

让他们去朋友圈宣传自己在学习文案、自己的文案感悟、案例拆解，打造自己的文案人设，让朋友圈好友知道他会写文案，有文案需求时来联系他，他觉得不好意思。让他们去运营自己的自媒体账号，打造个人品牌开拓赢利的渠道时，他们也不愿意。

为什么呢？因为他们没有自信，他们总觉得：我还没有准备好晚点再开始吧，我写不出来好的内容，万一别人嘲笑我多丢人啊？殊不知，这样下去永远发现不了自己哪里欠缺。不开始，又怎么把短文案变成我们的稳定收入之一呢？

曾经有一位跟笔者学习短文案的学员，学习了一段时间短文案后，有了短文案订单需求，我让她去领任务接单，她说自己不会写，对自己没用过的东西不感兴趣，不愿意接单。问她原因，她说自己还没准备好，自己学得还不够多，又害怕被朋友看到笑话她。

## ▶ 14.1.2　无法坚持，不愿深耕

第二个在短文案写作学习中无法赢利的原因是"三天打鱼，两天晒网"，不能坚持，不愿意深耕。跟笔者学习的学员中，这样的人也很多。他们一开始学习的时候，热情高涨，但是坚持了一段时间后，渐渐开始懈怠，想着偷懒，课程不能按时跟进、作业提交也开始出现晚交甚至不交的情况。

运营自媒体账号时也是一样，一开始很热情，坚持日更，甚至一天好几更，发了一段时间后发现数据一般，涨粉也很慢，就没有动力半途而废了。

还有一些人，连最简单的朋友圈都不能坚持发，"三天打鱼，两天晒网"，想发了一天发好几条，不想发了就好几天都不发一条。

笔者曾经有个学员，学完课程只想靠着老师的渠道接单赚钱，笔者让她发发朋友圈，挖掘一下自己身边的客户，她发了一段时间就不发了，问她原因，她说："这段时间忙，想偷个懒，等闲下来再好好发圈。"别人都看不到你在持续地写文案，又怎么会相信你的专业性呢？别人还会找你写文案吗？更别说会给你介绍客户了。哪怕老客户，看到你这样可能都不会再来找你了。所以说，没有坚持的话，赢利效果又怎么会好呢？

## 14.2 两种方法实现短文案赢利

短文案写作是一门技能，和所有技能一样需要坚持实践，打磨好技能再加上适当的宣传和展示，塑造自己的品牌，甚至还需要一些技巧才能快速而稳定地赢利。这一小节笔者与大家分享能快速稳定地实现短文案赢利的两种方式，如图 14-2 所示。

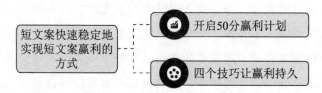

图 14-2　短文案快速稳定地实现短文案赢利的两种方式

### ▶ 14.2.1　制订 50 分计划，开启赢利之路

首先，可以制订 50 分计划，开启赢利之路。所谓 50 分赢利计划是指，做一件事情你不需要准备到 100 分再开始，你只要达到 50 分就可以开始启动了，然后边做边调整。这个 50 分计划具体到文案赢利中，可以总结成四个步骤，如图 14-3 所示。

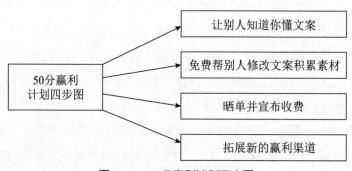

图 14-3　50 分赢利计划四步图

**1. 让别人知道你懂文案**

第一步是让别人知道你懂文案，怎么做呢？你可以建立一个自媒体账号，来分享一些优秀的文案为别人提供价值，比如小红书、视频号、公众号、简书等都可以。当然，最简单最快捷的就是运营朋友圈。

可以先同时在几个平台做，最后选择最适合自己的平台，也可以一直耕耘多个平台，具体要看大家各自的实际情况。比如你可以开通小红书或者知乎等自媒体账号，坚持在朋友圈和自媒体账号上分享文案知识，包括自己学习文案的感受、自己读书或者在网络上总结出来的文案干货等。这样一方面可以时刻保持学习的状态，另一方面可以打造个人的品牌影响力，让别人知道你懂文案，之后若有需要会第一时间想到你。

**2. 免费帮别人修改文案积累素材**

第二步是免费帮别人修改文案积累素材。一开始可能大家都不会接到特别多的订单，甚至可能接不到订单。但其实，每个人的身边都隐藏着对文案有需求的人，通过第一步，经过一段时间的分享和塑造后，渐渐地就会有一些好友来咨询，或者给到你一些小的订单。

有的人说，我朋友圈的好友太少了，我都做了好长时间的铺垫和塑造了，还是没有订单和咨询，怎么办呢？这里分享两个可操作的方法。

（1）免费帮人写朋友圈文案

你可以在刷朋友圈的时候，看到有人发朋友圈时只有图片没有文案，或者是文案写得比较简单，你可以针对他的产品写一段文案发给他，免费的东西没有人会拒绝，他不仅不会拒绝甚至还会给你好评，或者发红包感谢你，你把这些好评保存下来，就成了你的宣传素材。

（2）朋友圈发起免费修改文案活动

还有一个办法，是发朋友圈说帮大家免费修改文案，想参加的人请点赞。只需要点个赞就能享受到免费服务，大家一定很感兴趣，这时，我们再去挑几个有把握的文案好好修改就可以。这个活动下来，你是不是就有了很多的宣传素材了？

通过这样的方法，不仅可以验证自己目前的文案水平，还传播了口碑，可以收集到自己写文案、懂文案的证据，同时还积累了宣传素材，可以拿来晒单，让别人看到你的文案水平，再持续地展示，渐渐地就会有人来咨询，甚至给到你订单，这样就开启了文案赢利的第二步。

**3. 晒单并宣布收费**

发了一段时间的案例和好评素材后，就可以宣布收费了。怎么宣布呢？这时候，可以做一张海报，把你的形象照、你的服务项目都列出来，每天发一遍，并且结合干货、晒单来发，渐渐地会开始有人来咨询你了。

为了让这一切进展更加顺利，一开始宣布收费的时候，价位稍微低一点，这样更容易促成订单。比如，我曾经看到在朋友圈有人99元/60条朋友圈文案的包月服务，瞬间约满。

低价服务只是开始，是为了积累经验，你要做的是让客户付99元享受999元的服务，要远远地超出客户的预期。这样的话，你会得到更好的口碑和订单，之后就可以逐步调高价格了！

笔者最初收费的时候，一个月朋友圈包月文案报价是300元。但因为笔者的文案写得好，超出了客户的预期，后来客户付给笔者588元。而且这个客户到现在还在找笔者写文案，而笔者的收费已经是每月2500元了，但客户依旧买单。

**4. 拓展新的赢利渠道**

当你在朋友圈展示了自己的专业性和赢利情况后，你会发现，不仅会有人找你帮忙写文案，还经常有人来咨询你学习文案写作的事情，甚至想跟你学写文案，这个时候就可以考虑拓展新的赢利渠道，比如通过教别人写文案来赚钱。

很多人缺乏自信，感觉自己水平还达不到教别人写文案的地步，其实真的不用担心你的水平有限。如果你的文案水平能够达到60分，那么你可以去教那些只有20分的人，帮他们把水平提升到40分。

具体要怎么做呢？你可以先建立一个自己的收费社群，可以先定价9.9元，然后视情况逐步涨价。在这个社群中，你可以分享自己赢利的经验，也可以拆解优秀文案，比如拆解小红书爆款笔记，小红书有很多的爆款案例，你就算每天拆解一个，一年都拆不完。还可以教他们写一些简单的短文案，把你现有的文案知识教给他们也是可以的。通过这些分享，同时也进一步地锻炼了自己的文案水平，让自己更加优秀。

可以说，通过50分计划，你既可以通过接单赚钱，还可以通过教学赚钱，两种形式结合起来，你赚钱的速度就更快、更稳定了。这里要注意的是，这个计划要先启动再完善。

同时，我们还要根据实际情况调整计划，比如，当你在分享干货，但还没有接到订单的时候，就有人想跟你学习写文案，那你也可以先提前建立自己的收费社群，通过教学员来赢利了。

为了便于大家理解，笔者来讲讲自己当初是怎么通过这四步启动"50分赢利计划"的。

（1）让别人知道你懂文案

2018 年，笔者付费加入了一个文案老师的知识星球，跟着老师学文案。当时加入的有近 3000 人，老师鼓励我们制订 50 分计划，打造自己的朋友圈去接订单。同时，选一个自己的文案分享平台，做自己的付费产品。虽然我当时心里没有什么底气，但我还是听话照做了。

我开始在朋友圈分享自己学到的文案知识，看到的文案干货，还有我写的朋友圈文案被人夸奖、借鉴的事情等，每一个与文案相关的事情，哪怕再小我都拿来发朋友圈，让别人慢慢知道我懂文案。

（2）免费帮人写文案或者接小订单

为了验证自己所学，刷朋友圈的时候，看到有人发的只有图片没有文案的内容，就帮他免费写文案发在评论区，一般对方都会夸上一两句，笔者就截图发圈。

这样坚持了一段时间，突然有一天，一位多年不联系的老同事在微信上联系笔者，她说自己开了个儿童视力矫正中心，需要写公众号文章让笔者帮忙。笔者很开心，又有点担心，但最后还是接了下来。

花了三天时间写了一篇 800 字的文章，包括处理图片和排版，一共收了 50元钱。这是笔者第一次通过文案赢利，虽然很少，但这是笔者除了工资外的第一笔收入，非常有成就感。

（3）晒单并宣布收费

这次经历让笔者发现，写文案是真的可以赚到钱的。信心大增后，开始在简书上更新干货知识，后面还开通了当时比较流行的知识付费社群——知识星球，开始拆解自己看到的一些好文案。

当时，知识星球的收费不能低于 50 元，笔者就设置了 50 元的收费标准，推广了一个月，没有什么名气的我，一分钱都没有赚到。

但我还是做了很多努力：寻找文案案例网站，读相关的书籍，不断地积累自己的素材库。把自己学到的内容，用自己的语言组织出来分享到朋友圈，得到了很多人的喜欢。

（4）拓展新的赢利渠道

再后来笔者发现了一个新的知识付费平台——轻社群，加入的最低费用是 1

块钱，于是就开始在轻社群上做自己的付费社群，收费标准12元/年。

开始时零星有人加入，随着笔者在朋友圈不断地宣传、晒单，加入的人越来越多，10天时间招募到了109人，笔者把付费的人邀请进社群，大家一起交流，帮大家修改文案，带大家学习文案。

再后来，笔者又重启了50元/年的知识星球，随着晒单和宣传，加入的人数达到了500人，后来还受平台邀请开课，成了知识付费平台的签约导师，招收了很多学员和私教，带大家接单，开启了文案接单和培训双重赢利渠道。

可以说，笔者开始做自己的付费产品时还没有达到"100分"，同时也没有任何渠道，就只是通过朋友圈来宣传。所以说，想要通过短文案赢利就要转变思维，不需要完全准备好了再开始，大家可以制订一个属于自己的50分赢利计划，启动自己的赢利之路。

## ▶ 14.2.2　借助四个技巧，让赢利更持久

写文案和做任何其他事情一样，坚持了不一定成功，但不坚持注定失败。所以在文案赢利的道路上，坚持是成功的基础。想要靠文案长期稳定地赢利，除了开启50分赢利计划还要学会坚持，在坚持的过程中可以借助图14-4所示的四个技巧让文案赢利更持久。

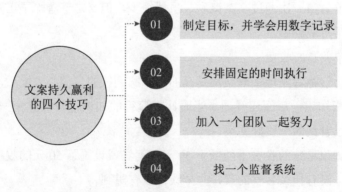

图14-4　文案持久赢利的四个技巧

### 1. 制定目标，并学会用数字记录

想要通过短文案赢利需要长期坚持，但很多人坚持不下去。这时候，你可以给自己制定一个目标，并用数字记录下目标的执行情况。

比如，你要分享一年的干货，也就是分享365条干货，那你就可以把干货用

数字标出来。像笔者定了一个写"1000 条简单好用的短文案模板"的目标，并会把这些模板整理、用数字记录下来，借助这种方式来鼓励自己坚持：每次在公众号上更新，看着数字一点点地增加，内心的成就感也越来越强；同时每一次分享都能带来新的粉丝，甚至有些人通过公众号来找笔者付费学习，这些都给了笔者坚持下去的动力。

在朋友圈也可以使用这个方法，像笔者给自己定了一年跑步 100 次的目标，每跑一次数字就累计一次。还有很多人读书、分享文案金句等，都采用这种方式，看着自己一点点向目标靠近，也有了坚持的动力。

### 2. 安排固定的时间执行

有人说，制定的目标我总是忘记或是抽不出来时间做，怎么办？这时你可以根据自己平时的时间安排，每天设定一个固定的时间专门来做这件事。

这样不仅可以让你坚持做事，还能让你的读者养成一个习惯——到点来看你的内容更新。文案高手关键明老师，几年前做知识星球的时候，推出了一个灵感十二点的栏目，每天中午十二点发布营销或干货文案，来吸引大家积极参与互动。很多人都定闹钟准点来看他的帖子，后来偶尔晚一次发帖还有人来留言催更新。

笔者之前做过一个早八点文案群，是一个收费的社群，就是每天早上八点左右会带领大家一起学金句。早上八点时笔者在上班的路上，有近一个小时的通勤时间。建群之前刷剧打发上班路上的时间，但自从建立了这个群以后，每天都在这个点写文案，带大家练习文案，帮大家修改文案。渐渐地笔者就形成了习惯，而这个习惯也给笔者带来了一定的收入。

### 3. 加入一个团队一起努力

俗话说，一个人走得快，一群人走得远。现在有很多健身打卡群、读书打卡群、跑步群、早起打卡群，都是利用这样的方法，鼓励大家坚持。如果你自律性不是很强，一个人努力很容易松懈，那么你也可以选择找一些同频的人，组建一个团队，大家一起做一件事更容易坚持。

其实，在前面讲到的内容里，笔者鼓励大家建立自己的收费社群，也能起到这样的效果：如果你建立了收费的社群，收了费就有了担当和责任心，这就要求你必须坚持下去。你也可以选择加入别人的团队，比如简书上有日更小组，或者很多群里的朋友也会新建各种主题的打卡群，可以适当地加入一个，有同伴一起努力目标更容易实现。

### 4.找一个监督系统

人都有惰性，要克服惰性，可以借用一个监督系统，来监督自己的懈怠。很多人会让自己的朋友或者闺蜜来监督自己，先告诉对方自己的目标任务，如果某一天没有完成就发给对方大红包。还有人在朋友圈或者在社群中承诺，如果达不到目标就发红包，这就是利用外部监督系统强迫自己去坚持。当你想偷懒的时候，一想到如果没完成就得给对方发一个大红包，这样就会减少偷懒的概率。

## 本章小结

1. 每个学习文案的人都希望通过文案赢利，但在实际操作中却并不是每个人都能实现这个愿望，无法通过文案赢利的原因主要有两个，一是没有自信不敢开始赢利；二是不能坚持：三天打鱼，两天晒网。

2. 文案初学者想要通过文案赢利可以开启一个自己的 50 分赢利计划，具体可以分为四个步骤：让别人知道你懂文案、免费帮别人修改文案积累素材、晒单并宣布收费、拓展新的赢利渠道。

3. 想要实现文案赢利还要学会去坚持，在坚持的过程中可以采用四种方法：制定目标，并学会用数字记录；安排固定的时间执行；加入一个团队一起努力；找一个监督系统。

# 第15章

# 接单不愁：三大技巧，小白也能轻松接单

接单赚稿费，是短文案赢利的常见方式，但是要去哪里找文案订单？找到订单后，又应该怎么与客户沟通、让客户愿意与我们合作？报价时报多少才合理呢？这一章笔者结合自己多年的经验总结分享四个适合普通人的接单渠道，并且教给大家与客户谈单的四步成交法及文案报价的参考。

## 15.1 四个适合普通人的接单渠道

想要接单，先要找到可以接单的渠道，这里笔者分享自己接单用得最多的四个渠道，如图 15-1 所示，后面具体讲解每种接单渠道的步骤或重点。

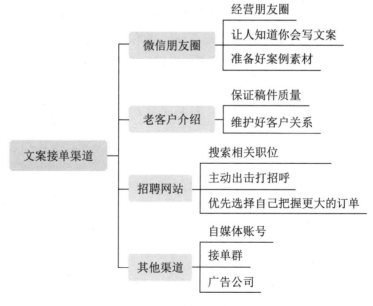

图 15-1 文案接单渠道

### ▶ 15.1.1　微信朋友圈

微信朋友圈是接单最方便也最有效的渠道。朋友圈里大多数都是你的亲朋好友、同学及同事等，你们之间有一定的信任基础，朋友圈的好友成交意愿往往会比陌生人高。

想通过朋友圈接单，首先要经营好自己的朋友圈，让朋友知道你懂文案、可以写文案。其次，你还可以提前准备一些案例，这样在别人要看你的案例时你就可以发给他看，让他进一步了解你。

一般来说，客户都想先看看你之前的文章案例，以此来了解你的文笔。笔者很多文案订单都是通过朋友圈接到的，大部分客户都会问有没有之前写过的文案，能否给他看一下。所以我们平时可以把自己精彩的案例整理出来，并收藏在微信收藏夹里，有需要的时候可以随时发给客户，提升沟通的效率及接单的成功率。

### ▶ 15.1.2　老客户介绍

当你接过一些订单积攒了老客户后，慢慢地就会有老客户帮你介绍新订单了。笔者有很多订单，都是老客户给介绍的。其中有一位合作多年的老客户，她老公公司有文案需求，她第一反应就是介绍我。另外一位老客户，笔者曾经给她写过短视频脚本，当她的朋友需要短视频文案策划，她也主动介绍笔者给她朋友。怎么做到让老客户主动介绍订单呢？需要做好两点。

#### 1. 保证稿件质量

要按时按质完成文案交给客户，这是文案人的基本素养。一般来说，承诺的交稿时间只能提前不能延后。同时，客户提出修改意见后，要以最快的速度修改好。

这样，客户不仅觉得你文案水平很好，还会觉得你态度积极、人品靠谱，对你的满意度直线上升。一旦客户身边的朋友有文案需求，便会第一时间想到你，会主动介绍给你。

#### 2. 维护好客户关系

要维护好客户关系。比如节假日的时候，可以发个祝福、红包之类的小心意，让客户感到他是被你惦记、被你在意的，这份小心意，会拉近你们之间的距离。平时客户找你帮忙修改一些小的文案，如果在你力所能及的范围内，你可以适当且无偿地提供一些帮助。

你的每一次帮忙，都会让客户更加喜欢、信任你。笔者有一位老客户代姐，她平时有一些文案需要修改时都会来找我，我都愿意免费帮她修改，所以当她身边有需要写文案的朋友，她会主动介绍给我。

有一次，她的餐饮店团购平台上，有用户给了恶意差评，她不知道怎么回复，让我帮她写回复的文字；她要给合作商家描述一件事情，不知道如何描述时，也是让我帮忙写一段话；她的新产品上市需要准备一些宣传物料，我也帮她列了清单。

就是帮这些小忙，让她成了我多年的老客户，一直找我写文案，这中间她也给我介绍了好几个新的客户。所以说，如果我们维护好了老客户，不仅可以长期获得老客户的文案订单，还很有可能会获得老客户的转介绍订单。

## ▶ 15.1.3　招聘网站

招聘网站也是普通人接单时常用的一个渠道，短文案需求量非常大，很多公司都是批量发单，然后去一些招聘网站，像智联招聘、前程无忧、Boss 直聘、兼职猫等网站，找兼职文案人员来写。

你可以下载一两个招聘网站的手机 App，填写好自己的信息和简历，然后去寻找合适的文案兼职。并且，现在有些 App 还非常人性化，像 Boss 直聘不仅会主动给你推荐相关的兼职岗位，还可以选择屏蔽某些公司。如果你是在职人员，想做兼职接单又不想让公司知道，在你填写简历的时候，可以选择屏蔽你的公司。具体怎么通过招聘网站，寻找到比较合适的文案兼职呢？可以采用三个步骤。

### 1. 搜索相关职位

根据关键词搜索相关职位。比如搜"小红书文案""知乎文案""兼职文案"等，就会出来很多信息。可以逐个点击进去看详细介绍和要求。如果你本来的城市里没有找到合适的兼职，还可以切换城市选择其他城市继续寻找。

### 2. 主动出击打招呼

看到有意向的兼职岗位，可以主动出击，主动和对方打招呼。如果对方也有意向，看到后会立刻回复你，这样可以大大提高沟通效率。比如 BOSS 直聘就是一个非常好用的软件，它在聊天沟通的设计上很人性化，看到合适的职位，你点击感兴趣，对话框就会主动生成打招呼用语。同时它还能提醒你收到信息，以及对方已读，对方回复你后可以申请加微信等功能，可以说在这上面找文案兼职是非常方便的。

**3.优先选择自己把握更大的订单**

初步了解一下情况和需求，优先选择自己把握更大的订单。什么是把握更大的订单？要看对方需求的文案，是不是你所擅长的短文案类型，如果刚好擅长，那么你写起来就更加轻松，就可以进一步沟通。

经过沟通，还要看看对方要求的交稿时间你是否可以完成，如果对方要的特别急，你刚好这段时间又非常忙，无法保证在规定的时间内保质保量地完成任务，那么就不要勉强自己去接单。

### ▶ 15.1.4 其他渠道

除了以上三个接单渠道，我们还可以通过一些自媒体账号去接单，也就是自己运营的一些自媒体账号，如简书、知乎、小红书、视频号等，如果我们有运营的话，也可以成为接单的渠道。笔者主要运营的小红书和视频号，经常有人来咨询文案学习、文案订单，笔者通过这些渠道也接了很多订单。

平时还可以留意一些接单群，比如豆瓣、QQ 等，上面有一些文案接单群，也可以接单，不过这要求我们自己去甄别。另外还有一些新媒体公司或者广告公司也需要文案写手，笔者很多种草文案订单就是通过这类公司接到的。

## 15.2 接单洽谈，四步成交

如何与客户沟通，让客户心甘情愿地把订单交给我们来做呢？方法如图 15-2 所示，分为四个步骤。

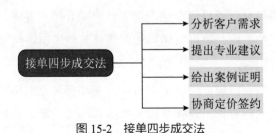

图 15-2 接单四步成交法

### ▶ 15.2.1　分析客户需求

很多客户在找我们写文案的时候，一上来就问我们价格，没经验的新手往往直接报价，然后很可能就没有下文了。

正确的做法是：先分析用户的需求，看他目前存在的问题是什么，或者需要解决的问题是什么；看看他需要写的是品牌文案还是销售文案，要在哪个平台发布。有时候，有些客户想写文案但其实他自己都不太清楚自己想要什么，这时候就需要我们去了解用户的目的并依据目的来分析他需要什么样的文案。

因此接单的第一步不是报价，而是分析客户的需求。比如笔者曾经接到一个订单，对方一上来就问写一个核桃酒的文案需要多长时间，但其实他自己不知道要写什么样的，笔者经过进一步沟通分析后发现，这是一个核桃酒厂家，客户需要的是产品招商文案。

### ▶ 15.2.2　提出专业建议

分析了客户需求后，我们就要发挥自己的专业知识，给客户提出专业的建议，明确能够真正为客户提供帮助的文案类型。比如这个核桃酒厂家，深入沟通后笔者发现该客户目前产品还没有上市，这个阶段他需要的是产品介绍和招商文案，我给他提出建议，这个文案有两种表现形式，PPT 展示和宣传册展示，根据他的需要去对接的商户，他选择了 PPT 展示文案，那么这个文案就包含了文字还有 PPT 设计。

### ▶ 15.2.3　给出案例证明

要让客户相信我们的专业性，放心地把订单给到我们，最好的办法就是用曾经做过的案例去证明，如果刚好有做过的类似案例，可以直接发给客户看，如果没有也没关系，我们可以把自己给其他行业写的文案，或者其他类型的文案发给客户看。重点是让客户了解我们，确信我们专业提供文案服务，这样做主要是为了证明我们的实力，让客户相信他的文案需求我们完全可以胜任。

### ▶ 15.2.4　协商定价签约

了解了客户需求，提出了针对客户需求的专业建议，又给出了自己的过往案例，让客户看到了我们的能力，那么就到了最后的环节，协商价格签约。因为文案无法量化和标准化，报价没有固定的模式和参考标准，并且不同的渠道、不同的文案水平，报价差别也很大。下一节我们会专门来讲报价，这里不再赘述。

如果确定合作，最好签个简单的协议，约定交稿时间和数量，也约定付款的形式和金额，为双方形成一个保障。一般商家没有这样的合同模板，我们自己可以准备一个，方便成功接单时使用。

### ▶ 15.2.5　接单四步成交案例拆解

笔者用自己曾经接到的一个订单作为案例，来给大家拆解四步成交法，如表 15-1 所示。

案例背景：这是笔者在 BOSS 直聘上看到需求后添加微信的客户，详聊后了解到他是一个社群团购的团长，想运营自己的公众号，发布一些能给人提供价值的干货文章，以此来吸引更多的团长加入他的团队。

表 15-1　四步成交法接单案例拆解

| 步　　骤 | 用户情况 / 反馈 | 提 出 建 议 |
|---|---|---|
| 分析客户需求 | 客户自己开了一家公司，平时挺忙。同时，他还有做某社群团购，做到了大团长，最近到了瓶颈期，招募团长很难，并且发现很多团长出货也很难；<br>他想开一个公众号来教自己的团长出货，同时吸引更多意向团长，他绞尽脑汁，就发表了两篇文章，数据也一般 | 他需要一个兼职文案，帮忙运营自己的公众号；<br>公众号想更新的主要是卖货相关的干货文章 |
| 提出专业建议 | 完全同意，并且觉得提出了许多他自己没有想到的内容，还做了细化，非常满意 | 文章以技巧干货为主，比如朋友圈技巧、社群运营技巧、谈单技巧、客户维护复购技巧等 |
| 给出案例证明 | 非常认可，后来就约电话进一步详聊了 | 知道他需要的是微信成交相关的干货文章后，笔者找到自己在简书上发表过的一篇干货类文章给他看；<br>还给他提出了一个更适合他公众号定位的内容形式：干货＋故事或者案例 |
| 协商定价签约 | 对方觉得有点贵，最终协商价 300 元 / 篇，签订合作协议 | 笔者报价 400 元一篇 |

## 15.3　能力细分，合理报价

说到报价，这也是很多文案新手的一大困惑，报高了担心把客户吓跑了，报太低了自己又不合适。产生这个困惑的原因是什么？又该如何解决呢？这一节笔者带大家了解文案报价的逻辑和方法。

### ▶15.3.1　文案报价成谜的原因

不同类型的文案以及同一类型的文案，不同的人去写，报价是不同的，这主要有图 15-3 所示的两个原因。

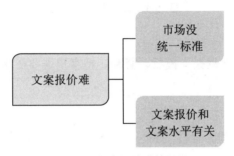

图 15-3　文案报价难的原因

**1. 市场没有统一标准**

文案是一项创造性的工作，市场没有统一的定价，大多数文案新手对这个市场都不太熟悉，也没有概念，不知道什么情况下报什么价。有时候报高了，客户觉得不值，也就没有了下文，有时候价格报低了，花费了很多的时间和精力去做，内心又觉得有点吃亏。

**2. 文案报价和文案水平有关**

另外一个原因，不同的文案写作水平报价也不同。知名的文案老师关键明写一篇卖货推文收费 5 万元，但是对于很多普通的文案人来说，可能只收到 500 元 /篇。但是文案报价基本上遵循能力越高价格越高、能力越低价格越低的原则。

### ▶15.3.2　如何确定文案水平

虽然文案报价没有统一的标准，但是可以根据文案写作的能力水平分为图 15-4 所示的四个阶段，每一个阶段的能力水平是不一样的。本小节，笔者以朋友圈文案包月服务为例，带大家了解一下，不同能力阶段的文案人员要达到的要求，以及如何去报价。

图 15-4　文案的四个阶段

**1. 初级文案**

能运用学到的文案框架、模板、套路，把客户需要在朋友圈展示的内容表达清楚。

**2. 中级文案**

能够根据客户给到的素材，编写出符合产品特点和目标人群的朋友圈文案，且语言凝练有可读性。

**3. 高级文案**

能够给客户做出一周的朋友圈规划表格，引导用户收集促进销售的素材，同时还能结合节点、新闻等给用户创造素材，给到客户增量和惊喜感。同时必须完整地服务过三位以上的客户，或者被其他有经验的文案带着实操过，有自己的案例。

**4. 资深文案**

能够根据客户产品项目所处的阶段，给产品人群画像，根据用户的身份，来给客户量身打造朋友圈个人 IP，写出既符合产品调性，又能帮客户打造品牌和卖货的朋友圈文案，成为客户的私人朋友圈定制师，帮助打理及引导客户的朋友圈方向和内容。笔者之前给千万级社群操盘手麦子老师还有一位美容护肤公司的老板，都做过这样的服务。

### ▶15.3.3　根据文案水平确定价格

怎么根据能力档位来定价呢？为了便于大家理解，笔者用一张表格进行汇总，仍然以朋友圈文案为例，如表 15-2 所示。

表 15-2 不同水平文案报价单

| 能 力 档 | 要 点 | 价 格 档 | 累积文案案例数量 |
|---|---|---|---|
| 初级文案 | 运用框架套路模板把客户需求表达清楚 | 20 ～ 800 元 / 月 | 10 ～ 30 条 |
| 中级文案 | 根据素材编写文案，语言凝练 | 800 ～ 1500 元 / 月 | 50 ～ 100 条 |
| 高级文案 | 帮客户规划表格，引领客户收集素材 | 1500 ～ 2500 元 / 月 | 完整服务过三位客户 |
| 资深文案 | 客户的朋友圈私人定制师 | 2500 ～ 3500 元 / 月 | 完整服务过十位以上不同领域的客户 |

当然，这只是一个参考，此后我们遇到的订单类型也会有很多，各种类型的文案报价也不一样，大家根据实际情况灵活变通。总之，随着你能力水平的提高，你的报价也可以逐步提高。另外补充一点，如果对方觉得价格太高，我们是可以根据客户的预算对报价做适当的调整。

## 本章小结

1. 接单赚稿费是短文案赢利的主要方式，通常来说普通人的免费接单渠道主要有微信朋友圈、老客户介绍、招聘网站及其他一些自媒体渠道。

2. 有了接单渠道，与客户沟通的时候，可以按照分析客户需求、提出专业建议、给出案例证明、协商定价签约这四个步骤进行。

3. 关于文案报价方面，不同类型的文案以及同一类型的文案，不同的人去写，报价都是不同的，其一是因为文案是一项创造性的工作，市场没有统一的定价；另外一个原因是文案报价和文案水平有关，文案水平越高报价也就越高。

4. 虽然文案没有统一的报价（收费）标准，但是文案写作的能力水平可以分为初级文案、中级文案、高级文案和资深文案四个阶段，报价的时候可以根据自己所处的能力阶段去报价。

# 第 16 章
# 自媒体赢利：不接单，自己写也能赚

上一章我们学习了接单赚钱的渠道和方法，但其实这只是自媒体赢利其中的一种，学好短文案，赢利的方式有很多。这一章来分享打造自媒体账号赢利的方式。这种赢利方式可能前期会比较辛苦，看不到结果，但是一旦账号做起来了就会越来越好。本章主要分享四种常见的自媒体赢利形式，同时笔者还会以微头条为例，分享三个短文案写作模板，助力想通过自媒体账号赢利的博主写好文案、顺利赢利。

## 16.1 四种自媒体赢利形式，助力博主轻松赢利

现在互联网上的自媒体平台种类繁多，赢利方式多种多样，不同平台的赢利形式和要求也不一样，总结起来几乎所有主流自媒体平台都默认的赢利方式有如图 16-1 所示的四种。

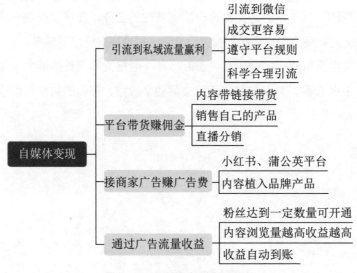

图 16-1　自媒体赢利方式汇总

### ▶16.1.1　引流到私域流量赢利

引流到私域流量赢利是自媒体赢利最常用的一种方式，这种方式适合自有产品或有服务咨询类的自媒体博主。把客户引流到微信等私域，这样可以更方便地触达用户，从而使赢利更加容易。

为什么说更容易呢？举个例子，假如你在小红书或者知乎等平台上发表了文章，有用户想要咨询你，但你并不是时刻在线，当你看到信息时，对方可能已经不在线了，这就导致沟通的效率大大下降，甚至有可能直接错过一个订单。如果引导用户加了微信，只要他在微信上咨询你，你会更快看到，沟通效率大大提高。此外，现在大部分自媒体平台都是不能直接发购买链接的，只能引导用户去自己的商城或者微信上成交，这样会使成交效率降低。

不过现在自媒体平台为了避免客户的流失，都做了严格的防护机制，比如文章或者自我介绍中不允许带自己的微信或者公众号，不允许诱导客户加私信等，我们需要在遵守平台规则的前提下引流到私域。

### ▶16.1.2　平台带货赚佣金

平台带货赚取佣金是自媒体平台比较常见的赢利方式，当你的账号满足了一定要求，就可以开通相应的带货权限，只要在日常发布的文章中插入商品卡片，有人买就有佣金收益。这个过程完全不需要跟商家做任何沟通，也不需要商家同意，只要商品属性和你的内容定位相符就可以去推广赚钱。

主流的平台如知乎、头条都有这个功能，比如知乎的"知乎好物"和"知＋自选"都是可以带货赚取佣金的，这些平台基本支持京东、天猫、淘宝、考拉等多个电商平台的商品链接，但各个平台的条件和要求不一样，每款产品的佣金比例也不同。在小红书、抖音、视频号等平台都大力鼓励电商，不仅可以开店上架自有产品，还可以分销平台商品赚佣金，这些都需要我们去详细了解。

另外，现在很多自媒体平台都有直播功能，我们也可以通过直播去销售自己的产品或者分销平台上的产品，比如小红书、知乎、视频号上都有这个功能。

### ▶16.1.3　接商家广告赚广告费

接商家广告赚广告费是大部分博主喜欢的一种赢利方式，现在大多数自媒体平台都有这个功能，如小红书成立了"蒲公英平台"，专为博主和广告商对接各种服务，还有抖音、短视频等自媒体平台也都有接商家广告赚广告费的功能。

各个平台不同，广告费的报价也不一样，不过想要通过这种方式赢利，一般对账号的要求相对较高，比如粉丝数量、内容质量、互动性等，账号越优质广告报价就越高。因此，如果想通过这种方式去赢利，就要坚持更新自媒体账号内容，努力涨粉，做优质账号。

### ▶ 16.1.4  通过广告流量收益

通过广告流量收益也是自媒体账号比较常见的赢利方式。一般来说，当你的账号达到了一定的等级，就可以在后台开通广告功能，有人浏览你的文章时，观看或点击了广告，就会产生相应的收益，而这个收益全部归作者所有。你的内容越吸引人，阅读量越高，广告流量收益就越多，可以说这个就是"躺赚"了，你只要持续更新优质内容，就会有流量费自动到账。

## 16.2  三个文案模板，广告流量收益赚不停

前文介绍了四种常见的自媒体赢利方式，其中广告流量收益是门槛最低、最适合普通人的方式，尤其适合新手文案。但是，想要好的流量收益，就需要有好的内容。本节笔者以微头条为例，分享三个在微头条比较受欢迎的内容模板，如图 16-2 所示。

图 16-2  微头条三大受欢迎的内容模板

### ▶ 16.2.1  情感故事模板

情感故事模板＝故事背景＋故事转折＋分析原因＋观点总结。情感故事是

微头条里最受欢迎的内容，很容易出爆款。通过对微头条爆款故事账号的总结发现，数据比较好的微头条故事都由故事背景、故事转折、分析原因、观点总结这四个部分组成。

**1. 故事背景**

简单概述故事背景，即介绍这个情感故事是初恋的故事、校园恋爱故事、第三者故事还是夫妻之间的故事等，用几句话概括出来。故事背景介绍可以筛选目标人群，吸引目标人群注意，类似于一本书的故事梗概。

**2. 故事转折**

转折是情感故事里面最吸引人的部分。平淡的故事无法吸引人，相反，越是曲折离奇的故事大家越爱看，这也是我们常说的一波三折。

比如，两人大学恋爱四年，感情稳定约好了毕业结婚，结果一方却不辞而别；或拍了婚纱照定好了结婚的日期，多年不见的初恋却突然出现等，这些都是故事的转折。一个故事中只有融入了转折的内容才能吸引人继续阅读下去，才能增加点击率和阅读量。

**3. 分析原因**

转折出现后主人公做出了什么样的选择或决定，做这个决定的原因是什么，有恋旧情结、缺乏安全感、喜新厌旧等，这也是读者比较关心的话题。

**4. 观点总结**

观点总结是故事的最后一部分。对于这个故事，你是支持还是反对，通过这个故事你想传达给读者一个什么样的观点，需要总结出来。

比如，分手了的前任慢慢成为路人、安全感来自自己等，观点总结，对故事进行升华。

为便于大家对情感故事模板的理解掌握，笔者用微头条上一篇高赞文案进行案例拆解。

（1）故事背景

"表妹 2015 年从武汉嫁到广东潮汕山村，婚前亲友们对这段婚姻都持反对态度，表妹不听劝还是嫁过去了。出嫁时，姨妈给了 15 万元作为陪嫁，让表妹把钱存起来应急使用，表妹却偷偷把钱给了妹夫，让他开店做生意，后来赔得精光。"

这是开头部分，主要交代故事背景和概述故事，讲的是表妹不顾父母反对从大城市嫁到农村，还把父母给的应急的钱拿来给老公开店，被老公赔得精光这样一件事。

（2）故事转折

"姨妈和姨夫气得直摇头，怪表妹没心眼，但他们听说表妹的日子过得非常艰难，婆家指望不上，独自带孩子，经常顾不上吃饭，姨妈实在不忍心独生女吃苦，又给了他们一点钱。

表妹和妹夫又重新计划，在镇上开了个很小的超市，专门给别人供货，摸爬滚打三年多，现在已经开了三家连锁超市，加上今年赶上直播风口，表妹和妹夫的生意越来越好。"

这一部分是故事转折，父母心疼女儿又给了钱，他们重新开超市，从一家到三家连锁，赶上直播风口生意越来越好！

（3）分析原因

"如姨妈所担心的，父母反对女儿嫁给穷男朋友，最主要的是担心女儿过苦日子，在家里是掌上明珠，在别人那里吃上顿没下顿，哪家父母忍心呢？可是，决定一个女孩嫁给穷男朋友幸不幸福的，除了男朋友的人品、够不够爱她，还要有上进心。以前说一个人有100块钱，愿意为你花99块的，赶紧嫁了。现在观念不同了，给你花50块，另外50块拿去投资、用来提升自己的人，才值得考虑。

现在拼职场，没上进心很难生存，初入社会是学徒，工作几年甚至人到中年，还不能独立承担一些事情，未来想要一夜突破其实很难。再加上，上进心是男人最本质的东西，没有上进心、不会钻研进取，会被社会淘汰，被自己看扁，也会影响婚姻质量。"

这一部分分析原因，父母反对女儿的选择到后来资助女儿都是心疼女儿，但是年轻人选择对象的时候已经不愿靠父母的经验了，而是更愿意选择有上进心的人。

（4）观点总结

"所以，女人嫁得好不好，和过得好不好是两回事。嫁人是运气，过日子靠智慧。特别喜欢《人间失格》里的这句话：'我的骄傲不允许我把这崩溃的日子告诉别人，只有我知道，仅一夜之间，我的心判若两人。'无论你嫁得如何，那都是过去式，未来的日子，需要女人自己经营，如果没有了选择的资格，余生，好好爱自己……"

这一部分是观点总结，用书籍的金句引出作者的观点：作为女人，无论你嫁得如何，那都是过去式，未来的日子，需要女人自己经营。

## ▶16.2.2　影评模板

影评模板 = 提出疑问 + 内容概述 + 总结观点。影评也是微头条上比较容易形成爆款的内容。如果大家平时喜欢看电影或电视剧的话，就可以好好研究这个模板。爆款影评主要由提出疑问、内容概述和总结观点这三个部分组成。

### 1. 提出疑问

一部电影或电视剧里面的内容非常多，一条微头条写不完，那就选择自己有感触的一个点来写，用这个点提出疑问，引起共鸣。比如，电影《我不是药神》中，程勇卖白血病药真的只是为了赚钱吗？这样的疑问很容易引发读者的思考和共鸣。

### 2. 内容概述

内容概述就是把你想讲的剧情片段用自己的语言表述出来，让没有看过这部电影或电视剧的人能够很轻松地了解剧情。注意这里的字数不要太多，尽量控制在 200 字左右。

### 3. 总结观点

总结观点是指你对这部电影或电视剧的看法，你的观点是什么，你主张什么，进行简单的总结。比如《我不是药神》，你可以这样表达你的观点：成年人的世界有时候没有那么多的非黑即白，程勇卖印度仿制药一开始也许确实是为了钱，但是后来就不再是为了钱，而是为了那些遭受白血病折磨又买不起天价进口药的患者。

为了便于大家理解，笔者在这里用一位微头条博主分享的《琅琊榜》权斗的文章来拆解影评类模板公式。

（1）提出疑问

"为什么很多人都说《琅琊榜》的权斗很幼稚？还有朋友专门指出了四点，在知乎上更是获得了5000多的点赞。我大概看了一下，个人认为这位朋友说得很有道理。如果从历史角度来分析《琅琊榜》中的内容，其实是可以挑出很多毛病的。"

文章开头的部分提出疑问"《琅琊榜》的权斗很幼稚？"，同时介绍了知乎上提出这个观点的文章获得了5000多的点赞，吸引人继续阅读下去。

（2）内容概述

"但偏偏《琅琊榜》不是一本正儿八经重现历史、讲述历史的小说，它是一部文学作品，其中寄托了作者对于明君贤臣理想化的展示。没错，就是理想化，作者讲述了一个理想化的历史故事，塑造了很多具有理想人格的人物，而且从效果来看，塑造得非常不错，这样就可以了。

作为读者，我们要时刻清楚，我们现在看的是一本小说，并不是真实的历史，如果真的要拿小说和历史作比较的话，那可太难受了，就比如说《三国演义》和三国怎么比？《西游记》和《大唐西域记》怎么比？"

这部分内容概述介绍了《琅琊榜》的主要内容和侧重点，并列举了《三国演义》和《西游记》的例子。

（3）总结观点

"小说和现实，文学和历史，还是要分清楚的，文学作品一般都是脱胎于现实而存在的，同时为了表达作者的某些观点，自然就会超脱于现实，如果非要拿现实来一板一眼地要求文学作品的话，那以后还有人写故事吗？"

文章结尾的部分提出作者的观点，《琅琊榜》是小说改编的影视剧，并不是还原历史的纪录片，小说属于文学作品，文学作品一般都是脱胎于现实而存在的，同时为了表达作者的某些观点，自然就会超脱于现实。

### ▶16.2.3　生活经历模板

生活经历模板 = 事件概述 + 冲突所在 + 解决方法及升华。很多人说，自己也想更新微头条，打造自媒体账号，但是找不到素材，那么如果你去研究就会发现，很多描述自己生活经历的微头条阅读数据也很好。

比如你家里的事情，你亲戚朋友、同事身上发生的事情。只要你对这件事有自己的感悟想法，就可作为素材来写。这个模板可以分为事件概述、冲突所在、解决方法及升华三个部分。

#### 1. 事件概述

事件概述就是事件的大致经过，关于买房、关于卖房、关于拆迁、关于搬家、关于宴请等，让别人通过概述大致了解你介绍的事情。

微头条在手机屏幕上如果不点开最多只能展示 54 个字，因此事件概述要求语言凝练，要在 50 个字以内叙述清楚你要交代的事件。

#### 2. 冲突所在

故事有了冲突更能引起读者的兴趣，吸引他们继续读下去。我们所记录的事情在发展的过程中，有产生什么冲突吗？比如人和人之间的冲突、人和事之间的冲突，又或者是事与事之间的冲突。比如，你和婆婆约好等你找到了工作，她就从老家过来给你带孩子，但是你找到工作后，她却说家里忙暂时来不了，让你把孩子送回老家。又比如，你和朋友约好了一起谈事情，结果刚准备出门，公司领导打来电话让你去机场接个重要客户。这样，如果你是读者，是不是想读下去，看看后面又发生了什么，是如何解决的？

#### 3. 解决方法及升华

这部分介绍面对冲突时，你采用了什么办法，结果如何。同时，介绍通过这件事收获了什么，将收获写出来，给读者带来启发。

如前所述，关于婆婆爽约不愿意给你带孩子这件事，你本来想自己辞掉心动的工作，继续当全职妈妈，但是最终心有不甘。你找了时间，亲自回老家看看，回去后发现婆婆是担心她走后公公一个人在家里吃不上饭，你让她来带孩子的时候并没有说让公公也一起过来。你提出让公公婆婆一起过来后，她就爽快地答应了。这让你学会了遇见事情不能只看表面，不能情绪化，要真正去了解事情的真相，分析原因找到解决方法。

再如和朋友约好谈事情，恰巧公司领导让你去机场接客户，你权衡过后，决定请朋友与你一起去机场接客户，路上可以与朋友谈事情，这样既能与朋友约谈，也不耽搁公司领导的安排。通过这件事你学会了遇见两难选择可以灵活变通地寻找第三种解决方案。

为了便于大家理解，下面拆解一个案例，这个案例是一位微头条博主写的关于自己家卖老房子的事情。这条内容在微头条上获得了 38 万的点赞，1000 多条互动。

（1）事件概述

"爸爸说他的一个同事要买我家的老房子。房子是 20 世纪 80 年代砖瓦结构的，共 6 层，我家在一楼，是个四十多平方米的小两居，是爸爸当年单位的福利房，1990 年花了近 1 万元办了房屋产权证，是爸妈的唯一房产。"

这是开头部分，属于事件概述，主要是告诉读者，自己要讲的是关于出售家里老房子的故事。

（2）冲突所在

"从小学到大学前我一直住在这里，爸妈十年前对房子进行了装修，把两个单独的房间打通，外面做客厅，里面是卧室，还大动干戈地改了水电，把原来狭小的卫生间扩大，改成方便洗澡的干湿分离区。

当时他们租下了楼上的房子，用了两个月的时间请人细细装修。家属院的同事兼邻居们都说我爸多此一举，因为房子实在太老了，外围的一些更老的家属楼都拆掉重建了，可能很快这些楼也要拆掉。可是我妈坚持要装修，她认定这是她长久居住的地方，她一定要让它变得更好一些。

房子装修好不久，我爸妈就到外地来照顾生孩子的自己了，三年也没能住在他们装修好的房子。之后我回到老家，给他们买了面积 100 平方米、两室两厅的新房子，第二年他们住了进去。老房子就这样空了下来。

一直有人打听我家的老房子，有的想买有的想租。老房子面积小年代久，并不值钱。可是家属院里住着的多数是跟我爸一样退休多年的老人，他们有的腿脚不便，有的不想跟儿女挤在一处，小面积的一楼老房子便宜又好住成了他们的首选，再加上我家又重修装修过，这在老房子里并不多见，所以来打听的人络绎不绝。

我妈坚决不卖不租，她说这是她的房子，虽然现在住了新房，可是她舍不得丢下这个老房子。"

这一部分是故事的冲突所在，父母有了更好的房子住，这个小房子空着没人住，很多人想买，爸爸想把房子卖掉，但是妈妈不同意，因为这个房子留下了太多的记忆，妈妈对这个房子有很深的感情，她舍不得卖。

（3）解决方法及升华

"后来爸爸给她做了很久的思想工作，她才松口。这是妈妈住得最久的房子，我能理解她的不舍，这是她最珍视的家呀！"

这是故事的结尾，介绍了事情的解决方法并用简洁的语言升华了主题，最终爸爸给妈妈做了很久的思想工作，妈妈终于松口了；自己非常理解妈妈对这个房子的不舍，因为这是她最珍视的家。升华主题会引起很多人的共鸣和讨论。在现实生活中，随着城镇化程度的不断提高，越来越多的人面临着进城生活后老家房子要不要卖掉的问题。

## 本章小结

1. 主流自媒体平台主要的赢利方式有四种：引流到私域流量赢利、平台带货赚佣金、接商家广告赚广告费和通过广告流量收益。

2. 在四种自媒体平台赢利的方式中，广告流量收益是门槛最低、最适合普通人的方式，尤其适合新手。但是想要好的流量收益，就需要有好的内容，以微头条为例，做内容的时候可以用情感故事模板、影评模板、生活经历模板去创作。

3. 创作情感故事可以采用模板公式：故事背景＋故事转折＋分析原因＋观点总结。

4. 创作影评类内容可以采用模板公式：提出疑问＋内容概述＋总结观点。

5. 创作生活经历类内容的时候，可以采用模板公式：事件概述＋冲突所在＋解决方法及升华。

# 第 17 章
# 求职技巧：文案岗位求职谈判必胜技

学好了短文案写作，不仅可以接单赚钱、打造自媒体账号做博主，还可以转行做文案，把文案写作当作一项事业来做，实现更大的价值。本章主要讲解想求职一个文案岗位需要做的准备和技巧，具体内容包括：打造吸睛文案简历的方法、准备作品集的方法，以及如果想要长期从事文案工作，需要具备的四种素养。

## 17.1 简单两步，打造吸睛的文案简历

一份完整的简历包含图 17-1 所示的五个信息。而对于大多数招聘方来说，他们会更加看重求职者的工作经历和个人优势。因此，如果你想打造一份吸睛的文案简历就要对工作经历和个人优势两部分内容进行详细介绍，在工作经历中加入文案相关经验，同时还要写出自己的独特亮点。

图 17-1　个人简历包含因素

## ▶ 17.1.1　在工作经历中加入文案相关经验

如果你打算从现有职业转向文案写作，或者申请文案相关的职位，那么在简历中强调与文案相关的经验是至关重要的。

对于企业招聘者来说，他们更希望找到一个有工作经验的人，因此我们需要尽可能地以自己的过往经历中填写与文案相关的工作经验。

比如，你的第一份工作是文员，当你想转行做文案的时候，就可以挖掘自己在干文员工作的时候负责的年终报告总结、领导发言稿的撰写，以及配合部门领导做企业内刊等文字类相关的工作，这些工作与文案相关，至少能证明你的文笔尚可，被招聘方录取的概率会变大。

有一些人可能会说，我之前的工作与文案完全不相关，也没有做过文案相关的兼职，怎么办呢？其实你学习文案的经历也算是一种文案经验。此外，如果你更新了小红书笔记、知乎问答、微头条等，这些也是你的文案经验。甚至可以说，你阅读了文案类的书籍，并坚持在朋友圈分享文案知识，获得了很多人的点赞，都能体现你的文案学习经历，成为你的加分项。

可以说，只要你去挖掘，就会发现自己能找到很多与文案相关的经验，找到自己的文案经验并把它写进简历，可以大大地提高简历的吸引力和面试的成功率。

## ▶ 17.1.2　写出自己的独特亮点

除了在工作经历中加入文案相关经验外，我们还要用好简历模板中个人优势的一栏。在写个人优势的时候，不要只写大家都有的共同点，而是找到自己与众不同的优势，写出个人的独特亮点，让招聘方一下子就记住你。

对于一名想找文案工作的求职者来说，就是要思考一下自己除了文案技能以外，还有哪些和文案相关的技能、经验等。

如果你曾在教育公司工作，那你就可以说自己"熟悉教育培训行业，能够挖掘家长群体的痛点，擅长写教育行业的宣传招生文案"；如果你曾在零售行业工作，你可以写"对零售行业的流程和客户人群非常熟悉，能够快速写出零售行业的宣传文案"；如果你是全职妈妈，你可以说"有育儿经验，懂得妈妈们的痛点和需求，能快速写出适合宝妈的各类短文案"。

把你曾经做的事、熟悉的行业和你想要求职的文案岗位结合起来，这就是你独特的亮点。

### ▶ 17.1.3　简历修改案例拆解

为了便于大家对以上两个步骤的理解，笔者以自己曾经为一位想要求职某文案岗位的学员修改的简历来进行案例拆解。

案例背景：简历的所有者是笔者的学员，之前是一家电商公司的设计师，还做过培训学校的招生主管。目前兼职担任笔者文案社群的助理，对文案很感兴趣，想要转型去做全职的文案工作。最近一直在投简历，投了一个多月都没有得到面试的机会，甚至连应聘一些文案兼职的工作也没有成功，我要来了她的简历，她的个人优势和工作经历部分，如表 17-1 所示。

**表 17-1　学员求职简历表**

| 个 人 优 势 | |
|---|---|
| 工作踏实认真，有责任心，有上进心，自学能力强 | |
| **工 作 经 历** | |
| 2019—2021 年 | 电商公司设计师<br>1）设计和优化制作天猫店相关页面（主图 - 首页 - 详情页 - 促销及活动页面）<br>2）配合运营部，对用户视觉感受、图片点击 / 转化率进行跟踪优化<br>3）分析竞争对手的视觉表现，制定相应的优化和解决方案<br>4）产品拍摄修图及产品造型设计 |
| 2016—2018 年 | 培训学校招生主管<br>1）负责带领团队，运用学校提供的招生资源，引导家长上门，安排试听；<br>2）负责与家长沟通，为客户提供个性化课程咨询，设计最佳的培训课程组合方案，以顾问方式完成课程销售；<br>3）负责学员的入学测试及阶段性测试；<br>4）按照顾客服务流程，积极主动维护客户关系，促成客户的转介绍 |

从她的简历里面，完全看不到一点与文案有关的工作经验，也看不到她与文案相关的独特亮点，这大概就是她一直接不到面试邀请的原因吧！

但其实，她一直在帮笔者打理社群，参与了一些文案项目，但她没有写进简历里面，而且她在设计工作中，有很多和文案配合的经验也没有写出来。根据她的情况，笔者用简单的两步，帮她修改了简历的部分内容，修改后的简历如表 17-2 所示。

表 17-2　按照两步法修改后的简历

| 个 人 优 势 | |
|---|---|
| 懂设计、会运营、能拍照修图的新晋文案人员，擅长朋友圈、知乎、小红书等自媒体短文案，自学能力超强，认真负责，有上进心有想法 | |
| 工 作 经 历 | |
| 2021 年一至今 | 担任千聊短文案签约导师夏晓墨文案社群助理<br>1）点评修改夏晓墨短文案赢利社群学员的短文案<br>2）整理社群短文案模板及社群精华<br>3）对接甲方为学员安排订单<br>4）审核学员短文案稿件，并按照甲方要求提出修改意见<br>5）参与雅迪电动车宣传项目，撰写 SEO 软文<br>6）参与老板电器知乎文案项目，撰写问答文案<br>7）持续更新小红书账号，打造个人品牌，有两篇浏览量破万 |
| 2018—2021 年 | 电商公司设计师<br>1）配合文案人员，优化制作天猫店铺相关页面<br>2）配合运营人员，做用户画像，协助文案人员对用户视觉感受、图片点击/转化率进行跟踪优化<br>3）协助文案人员分析竞争对手的视觉表现，制定相应的优化和解决方案<br>4）配合文案制作各种节点海报 |

这样一修改是不是一下子就有了自己独特的亮点，有了与文案相关的经验，也比较吸引人了呢？这就是求职文案中最重要的两个部分，至于简历的其他信息，都是比较常规的，在此不再赘述。

## 17.2　两种方法，准备好自己的作品集

当我们准备了一份吸睛的简历，引起了招聘方的注意时，还需要准备一份作品集，让他们看看我们的作品，了解一下我们的文笔，增加应聘成功的概率。

我们写的每一篇文案，参与过的每一个项目，都是我们的作品，把它们整理成集，可以方便我们随时调用。准备自己的作品集有图 17-2 所示的两种方法，每种方法都有方法步骤。

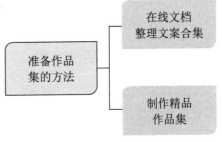

图 17-2　准备作品集的方法

### ▶ 17.2.1　在线文档整理文案合集的两种方法

很多人都把精彩的案例，放在自己的微信收藏夹，初期写文案的时候，确实可以这样做。但随着写的文案越来越多，微信收藏夹会渐渐放不下，或者找起来越来越困难，这时候，可以利用在线文档，如石墨笔记、印象笔记、腾讯文档、幕布、飞书等做文案合集。如图 17-3 所示，整理文案合集可以按照两种方法进行分类。

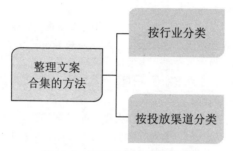

图 17-3　整理文案合集的方法

**1. 按行业分类**

按行业分类可以分为美容护肤减肥类文案、教育培训招生类文案、线上课程类文案、养生保健品类文案、美食类文案、旅游类文案等。这样当对方想要看你某个行业的案例时，你就可以用最快的速度调取出来相关案例。

**2. 按投放渠道分类**

按文案投放渠道分类可以分为朋友圈文案、小红书文案、知乎问答类文案、短视频文案、海报类文案、种草类文案等。

前期做好分类整理，后期有了新的案例，就可以随时补充到对应的文件夹里，需要的时候配合搜索，可以快速找到案例，随时发给客户看，降低沟通成本，增加成功率。

### ▶ 17.2.2　制作精品作品集

除了做好自己的简历、整理好作品外，有时候，我们还会遇到朋友想要给我们介绍订单或者对接资源，但他们并不了解我们的情况。他们希望我们能提供一份资料，快速地了解我们的优势和领域，从而帮助我们对接到更合适的资源或订单，这时候我们就需要制作出一份精品作品集。一般来说，精品作品集主要包含如图 17-4 所示的三个部分。

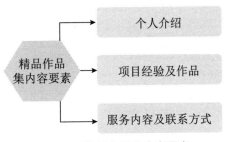

图 17-4　精品作品集内容要素

### 1. 个人介绍

个人介绍包括昵称、标签、擅长的领域、服务过的大型项目，或者是所取得的成就和业绩等。我们可以用简短的文字，分条列项地写出来，让人一眼就能看出来你的优势和亮点，知道什么样的订单、资源更加适合你。同时可以结合数字量化出你的成就或业绩，也可以用红色字体突出显示。

### 2. 项目经验及作品

可以是你曾做过的项目经验：在这个项目中承担什么样的职责，或者是你加入之前，项目遇到了什么样的困境，你加入之后项目有了什么变化；也可以是你为哪些产品写过文案，这些文案都在哪些网站上发布过、效果如何、数据如何。

还可以是：你做过什么类型的文案，比如朋友圈、海报、小红书、知乎等可以挑选几个主要作品截图展示一下，让别人看看你的文笔和思路。

### 3. 服务内容及联系方式

这里可以写你目前能写的文案类型，也就是你能接哪些订单，可以提供什么样的服务。最后，把你的联系方式也写上，便于对方联系你，更进一步地与你沟通合作。

为了便于大家理解，下面拆解笔者的一个精品作品集，如表 17-3 所示。

表 17-3　笔者的精品作品集拆解

| 步骤拆解 | 内　　　容 | 分 析 总 结 |
|---|---|---|
| 个人介绍 | 夏晓墨 8 年文案经验<br>曾任大型美容连锁机构首席文案，负责集团线上三方平台及线下 120 家门店内容宣传；<br>曾任互联网公司文案，负责公司创始人 IP 新媒体平台矩阵的包装和宣传； | 这是个人介绍部分，在个人介绍里面，有自己的标签，短文案教练，8 年文案经验，也包含笔者所取得的主要成绩，并且数字和重点强调的地方都用红色字体来凸显 |

| 步骤拆解 | 内　　容 | 分析总结 |
|---|---|---|
| 个人介绍 | 1条原创朋友圈短文案带货6W元；<br>千聊平台短文案签约讲师，全网付费学员4W+<br>视频号万粉博主、小红书万粉博主、简书签约作者 | 这样别人一看就知道笔者大概的经历及擅长的领域了 |
| 项目经验及作品 | 项目一：互联网公司创始人IP打造包装<br>项目背景：公司线下销售遇瓶颈，转战线上自媒体销售，打造自媒体矩阵。<br>工作内容：通过朋友圈、公众号、小红书等自媒体平台打造公司创始人"晶晶闯东京"个人IP，优化改版产品电商详情页文案。<br>成绩效果：改版优化后的详情页，打开率提升20%，转化率提升8%，公司创始人自媒体，6个月累计销售40W。<br>项目二：重庆金蝴蝶幼儿园视频号项目<br>项目背景：重庆县城连锁幼儿园，因为缺乏宣传致使招生困难。<br>工作内容：制订幼儿新媒体宣传计划，为33名幼师、园长提供朋友圈和视频号线上培训并提供5个月跟踪指导。<br>宣传效果：视频号粉丝突破2W，多条视频点赞破千，幼儿园的品牌影响力得到提升，秋季新生入学同比上涨10%，家长满意度提升至96%，老带新比例提升了5%。<br>部分作品展示：朋友圈文案、海报文案、小红书文案 | 这一部分是项目经验及作品，用图文结合的形式来展示，我所服务过的重点项目，这里我写了两个，一个是互联网公司创始人个人IP的打造项目，在这个项目里写了我所负责的内容，项目前后的数字对比，并且还配了三张这个项目个人IP打造的文章截图，这个是我当时写的。<br>写这些是为了突出我能够帮助商家通过自媒体打造个人IP，提升产品销售，同时我也熟悉各种短文案的写法，如果有这样的文案订单，我也可以写。<br>第二个是金蝴蝶幼儿园新媒体培训及指导工作，也是写出了这个项目中我所做的工作及前后的变化，写这个是为了说明我可以接短视频培训指导及短视频脚本的订单。<br>另外也展示了一部分作品，这里主要展示的是我做过的海报和写过的朋友圈文案，主要是让人了解一下我的文笔 |
| 服务内容及联系方式 | 企业兼职文案/公众号编辑<br>企业朋友圈、视频号内训定制<br>个人IP/企业创始人IP打造<br>海报、朋友圈、短视频、小红书、问答文案、电商详情页文案<br>联系方式：×××××××××××（同微信） | 最后一部分，笔者能够提供的文案服务及联系方式，如果有人看了这个精品作品集，刚好有这方面的需求，那么就可以通过这个方式来联系笔者 |

## 17.3　专业文案人的四大素养

文案创作是一项技能，想把文案当作终生的事业去做，想成为一名专业的文案人，就要有源源不断的订单，要想通过文案写作持续稳定地赚到钱，除了做好自己的案例作品外，还要不断地学习，提升自己的文案水平，具备四大素养，如图 17-5 所示。

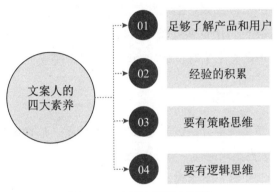

图 17-5　文案人的四大素养

### ▶ 17.3.1　足够了解产品和用户

作为一名专业文案，在接到一个文案订单时，不管别人有没有要求，都要主动地通过各种渠道去了解产品、了解用户。如果你要写一款护肤品，这款护肤品的特征、功能、产地、工艺、生产过程、使用场景、感官体验、差异化效果、员工的用心、售后服务、客户的体验等，你是否都了解？

同时，关于这款护肤品的目标人群，他们的年龄、职业、收入、分布区域，你也了解吗？用户的痛点、需要解决的问题是什么？在购买中，用户的顾虑主要是什么？该产品有没有成功的案例和用户好评？用户购买是自用还是送人？诸如此类的问题，你是否都了解呢？只有对产品和用户足够了解，才能找到他们之间的契合点，写出可以打动用户的文案。

### ▶ 17.3.2　经验的积累

对于文案来说，具有丰富的经验是最硬核的优势之一。这种经验的积累，需要我们尽可能多地去丰富自己的知识，增加知识储备量，甚至包括自己对世界、对生活的积极热情，还包括见识、阅历的增长，行业经验的叠加，持续的阅读等。如文案天后李欣频，她除了研究文案，还研究美食、玛雅历法、传染病学、身心灵、旅行、摄影、建筑……因此，她的文案能力，能在各个行业之间切换自如，她还出版了《情欲料理》《在旅行中找到自己》等不同领域的书籍。

可以说，经验的累积就是发现信息的过程。生活中的事、遇见的人、洞察到的现象、听到的趣闻、旅行过的地方、看过的电影、读过的书、参加过的演唱会，等等，都是你的信息宝藏。把这些信息慢慢积累起来成为经验，然后在某一天，以文字作为催化剂，用这些经验结合用户与产品，写出一篇有见地的文案。文案不是空想，也不是无中生有，你的经验越丰富，写出的文案就越能打动人。

### ▶ 17.3.3　要有策略思维

如果你过度崇尚文字本身、过分追求华丽的辞藻，那你很难写出一篇"好文案"。营销类文案讲究策略思维，比如写文案之前，你清楚文案写作目的，是品宣文案还是销售产品文案？文案写给谁看，文案要用在什么场景，发表在什么渠道？那些很厉害的文案作者，并不一定是他们的文笔有多好，而是他们讲究策略思维，知道自己为什么而写，要达到什么目的，这篇文案的核心内容是什么。并不是想到哪写到哪，天马行空，根本不知道自己想要完成什么目标，甚至写完自己都不知道在讲什么。

### ▶ 17.3.4　要有逻辑思维

文案肯定不是纯卖字的，它有它的目的，那背后自然就有达到目的的逻辑。比如，你的文案的脉络是什么？你准备如何层层推进，达到你的目的？整篇内容的逻辑结构是什么？是否能环环相扣？你是准备采用总分总的结构去写，还是采用分总的结构去写？你的内文准备采用并列关系还是采用递进关系去写？

文案大神休格曼说，他写文案的一个窍门就是创建一份文案逻辑路线图，然后按照图示逻辑方式推进。因为有了写作逻辑之后，就清楚地知道需要寻找什么资料，该在什么时机提出关键问题，要写哪些内容给读者……所有问题会顺着你的逻辑迎刃而解。而最后，读者就会对自己说："好吧，我想要得到这个东西，就是它了。"

### 本章小结

1. 想要打造一份吸睛的文案简历，最重要的是在工作经历中加入文案相关经验，同时还要写出自己的独特亮点。

2. 想要从事文案工作，除了打造简历还要准备好自己的两种作品集，一种是在线文档的作品合集，可以划分类目整理，比如按照行业整理也可以按照投放渠道整理；还有一种是精品作品集，主要包含个人介绍、项目经验及作品、服务内容及联系方式这三个方面的内容。

3. 文案创作是一项技能，想把文案当作终身的事业去做，想成为一名专业的文案人，需要培养四大素养，包括足够了解产品和用户、经验的积累、要有策略思维，以及要有逻辑思维。